KB262601

알기쉽게 설명한
인도네시아어 첫걸음

머리말

이 책은 문자 그대로 처음으로 인도네시아어를 배우려는 독자를 위해서 쓰여진 새로운 시도의 책이다. 자칫하면 으쓱거리는 교본이 아니라, 표제 그대로 알기 쉽고 불필요함이 없이 효율적이며, 아주 짧은 기간에 인도네시아어의 세계로 들어갈 수 있도록 심혈을 기울여서 엮은 책이다.

「입문편」에서는 우선 학습함에 있어서 발음 방법과, 단어 및 글의 형태에 대해서 이해를 하도록 했다. 다시 말해서 학습을 시작하기 위한 준비 체조라고 생각해주기 바란다. 어깨에 힘을 쑥 빼고 읽어가면 된다.

「일상 회화편」에서는 대화로 간단한 회화의 리듬을 파악한다. 그리고 바꾸어 놓은 형태로 인도네시아어의 몇가지 종류에 익숙해지도록 했다. 물론 그대로 일상 회화 속에서 응용할 수 있으나 여기까지 마스터하면, 한번 현지로 나가거나 국내에서 인도네시아인과 직접 대화를 시도해 볼 것을 권한다.

다음의 「상투어편」에서는 회화 예문 중에서 왜 이렇게 말했는지 유사한 또는 다른 표현이 있는 것인지 등의 의문을 해소하기 위해서, 10종류의 상투어구를 학습한다. 이렇게 한다면 세련된 인도네시아를 터득할 수 있게 될 것이다.

여기까지 인도네시아어의 학습의 필요 사항은 끝난다.

최후의 「문법편」에서는 이제까지 마스터한 인도네시어의 공통의 룰을 발견하면서 복습하는 단계이며, 총정리를 한다. 특히 "O품사"에 대해서 한층 더 깊게 하는 것이 목적이다. 여기까지 오게 되면, 이제 인도네시아어에 사로잡혀 버릴 것이다.

이 책 본문에서는 가능한 쉬운 단어, 사용 빈도가 높은 단어를 많이 썼다. 쉬운 말로 표현하는 기술이야말로, 외국어 학습의 궁

극의 목표라고 믿는다.

　제1페이지부터 마지막페이지까지 순서에 따라서 학습해 주길 바란다.

　누구에게나 가슴엔 푸른 하늘이 있다. 진실일로(眞實一路)독자 여러분의 각자의 청춘의 푸른 꿈에 충실하길 간곡히 빌며, 이 책을 통해서 뜻있는 많은 독자들을 만나기를 간절히바란다.

2002년 겨울
외국어학보급회

차 례

머 리 말

* 알파벳

인도네시아어에서는 ABJAD [아프잣드]라고 한다.

A	a	아—	N	n	에누
B	b	베—	O	o	오우
C	c	체—	P	p	뻬—
D	d	데—	Q	q	큐—
E	e	에—	R	r	에르
F	f	에프	S	s	에스
G	g	게—	T	t	테—
H	h	하—	U	u	우—
I	i	이—	V	v	페—
J	j	제—	W	w	우에—
K	k	카—	X	x	엑크스
L	l	엘—	Y	y	이에—
M	m	엠	Z	z	제트

제 1 장 ●

입 문 편

1 발　음

★한국인에 있어서 인도네시아어의 발음은 그다지 어려운 것이 아니다. 모음도 그 일부의 것을 제외하면, 이른바 로마자로 읽으면 된다.
★인도네시아어의 악센트는 원칙으로써 음정에 의한 고저(高低) 악센트이며, 단어 끝으로부터 두번 째의 음절에 두어지면, 귀에 선명하게 울린다.
■그러면 이제부터 발음의 연습부터 시작하기로 한다.

모　음

a　apa　무엇　abu　재
　　아빠　　　아부

　　adat　습관
　　아닷트

é　ékor　꼬리　énak　맛있는
　　에콜-　　　에낙크

　　ékspor　수출
　　에크스뽕-

　　*발음의 연습 단계에서는 이[é]를 쓰고 있으나, 공식 표기에는 이 문자·기호가 없기때문에, 다음의 [e]와 외견상 구별할 수가 없다. 그러므로 단어로 외울 수 밖에 없다.

e　kenapa　왜　empat　4
　　크나빠　　　음빳트

　　besar　큰
　　부잘-

　　*이 [e]는 위의 난의 [é]와는 다르며, 입을 너무 벌리지 말고 〈에〉와 〈우〉의 중간 음을 우물거리듯이 가볍고 짧게 소리낸다.

i　itu　그것　ia　그, 그녀
　　이투　　　이아

	ini 이니	이것	isi 인	내용
o	obat 오밧트	약	orang 오란그	사람
	otak 오탁크	두뇌		
u	ubi 우비	감자	udang 우당그	새우
	ungu 운구 -	남빛		

2중 모음

ai	pandai 빤다이	잘하는	mulai 무라이	시작되다
au	kalau 카라우	만약에	pulau 뿌라우	섬
	danau 다나우	호수		

자 음

b   로마자의 [b]의 음이다. [바·버·보·부·브·비]

batu 바투	돌	bintang 빈타아그	별
buku 부쿠	책		

c   로마자의 [ch]의 음이다. [차·처·초·추·츠·지]

cari 차리	찾다	cuci 추치	씻다
curi 추리	잃어버린	cocok 초촉크	핀, 머리핀

d   로마자의 [d]의 음이다. [다·더·도·두·드·디]

dan 단	그리고	dari 다리	~로부터

murid 학생
무릿트

f 로마자의 [f]의 음이다. [파·푸·포]

＊아라비아어, 영어 등에서의 차용어가 그 대부분임으로 수는 적다.

fajar 새벽 famili 가족
파잘－ 파미리

flat 아파트
프랏트

g 로마자의 [g]의 음이다. [가·거·고·기]

guru 선생 ganti 교체, 변하다, 대신하다
구루 간티

h 로마자의 [h]의 음이다. [하·허·후·히]

hitam 검은 tahan 견디다
히탐 타한

tahu 알고 있다
타후

j 로마자의 [j]의 음이다. [자·저·주·지]

jalan 도로 jam 시계, 시간
쟈란 쟘

janji 약속
잔지

k 로마자의 [k]의 음이다. [카·커·쿠·키]

kata 낱말 kota 번화가의 이름
카타히탐 코타

kaki 발
카키

l 로마자의 [l]의 음이다. [라·러·루·리]

＊혀끝을 진동시키지 않고, 혀를 위의 이빨 뒷쪽에 붙인 채로 부드럽게 〈라〉행
의 발음을 한다.

lain 다른, 그 밖의 lihat 보다
라인 리핫트

lupa 잊다
루빠

m 로마자의 [m]의 음이다. [마·머·무·미]

makan 먹다 minum 마시다
마칸 미눔

mata 해, 일(日)
마타

n 로마자의 [n]의 음이다. [나·너·노·누·니]

*[n]가 단어의 끝에 오는 경우, 발음한 뒤, 혀끝을 이의 뒷쪽에 살짝 남겨둔다. 그러면 [ng]의 발음이 되지 않는다.

nama 나마	이름	bulan 부란	월(月), 달
santai 산타이	편안히 지내는		

p   로마자의 [p]의 음이다. [빠·뻐·뽀·뿌·삐]

pintu 삔투	문	payah 빠야–	지치다
pagi 빠기	아침		

r   로마자의 [r]의 음이다. [라·러·로·루·리]

ramai 라마이	번화한	rajin 라진	근면한
raja 라자	왕		

s   로마자의 [s]의 음이다. [사·서·수·시]

suka 수카	좋아함	masuk 마숙크	들어가다
saya 사야	나		

t   로마자의 [t]의 음이다. [타·터·토·투·티]

tunggu 퉁구–	기다리다	tinggal 팅갈	살다
tamu 타무	손님		

v   [v]는 [f]와 같은 발음이다. [파·피]

*원래의 인도네시아어가 아니라, 외래의 차요음으로 보여진다.

vakansi 파칸시	휴가	visa 피사	사증, 비자
variasi 파리아시	변화	televisi 테레피시	텔레비전

w   로마자의 [w]의 음이다. [와·워·오·우·위]

wanita 와니타	여성	wakil 와킬	대표
waktu 와크투	때, 시(時)		

y   로마자의 [y]의 음이다. [야·유·요]

percaya 믿는다
뿌르자야

cahayal 빛
자하야

ya 예
야-

z 로마자의 〔z〕의 음이다. 〔자·지〕

zaman 시대
자만

izin 허가
이진

2중 자음

kh 우리말에는 없는 음이지만, 로마자의 〔h〕의 음을 목구멍에서 강하게 발음한다. 익숙해질 때까지는 〔h〕 또는 〔k〕로 대용해도 무방할 것이다.

khas 특유한, 특성의
하-스

ikhlas 성실한, 신중한
이후라스

akhir 최후의
아힐-

khotbah 설교, 강론
호트바-

ng 우리말로 표기하기 힘들지만 「응가」의 발음이다. 부드러운 비탁음(鼻濁音)이다. 인도네시아어에는 이미 탁음이 있다.

datang 오다
다탕그

jepang 일본
제빵그

tangis 눈물
탄기스

ny 로마자의 〔ny〕의 음이다. 〔냐·니·뉴·네·뇨〕

tanya 묻는다
타냐

punya 소유하다
뿌냐

nyanyi 노래하다, 노래
냐니

nyonya 부인, 마님
뇨냐

sy 로마자의 〔sy〕의 음이다. 〔샤·쇼〕

syair 시
샤일

syukur 감사
슈쿨-

Syawal 회교 달력의 10월
샤왈

2 단어의 형태

★사전을 찾을 때에 한가지 규칙이 있다. 대개의 사전에서는, 인도네시아어의 단어 중에 「어근」으로 붙여지는 것을 표제어로 삼아서 편집되어 있는 실정이다. 어근이란 무엇이며, 단어는 무엇으로 구성되어 있는가. 여기서는 문법편으로 접근하기 위한 방법으로 이 과제를 알기 쉽게 설명하려고 한다.

★우리말에서는, 「뜻을 가진 말의 최소의 단위」를 단어라고 칭한다.

★인도네시아어는 이 단어에 다시 접두사·접미사 등의 이른바 접사(接辭)가 첨가되거나, 하나의 단어를 반복하여 복합의 단어로써 쓰기도 한다. 따라서 사전을 찾을 때에는, 표제어로서 단어에서 접사 등을 제외한 원래의 형태의 것, 즉 「어근」을 찾아낼 필요가 있는 것이다.

★ada〈아다〉라는 말을 예로 들어 보기로 한다. 「있다, 존재하다」라는 뜻의 말이다. 이것에 대해서 keadaan〔쿠아다안〕이란 「상태」라는 명사이다. 사전에서 ada를 찾는 것이며, 접두사인 ke와 접미사 an이 붙은 keadaan〔쿠아다안〕이 관련되어 있다.

ada   있다, 존재하다
아다

↓

ke-ada-an 상태, 상황
쿠 아다 안

merokok〔무로콕크〕란 말은 어떠한가 하면, me는 동사를 만드는 접두사이다.

사전은 me를 제외한 원형인 rokok를 찾아야만 한다.

rokok 담배
로콕크

↓

me-rokok 담배를 피우다, 흡연하다.
무 로콕크

★berbaju〔부르바주〕라는 말은 어떠한가. ber는 자동사를 만드는 접두사임으로, ber를 제외한 원형인 baju를 찾아야 한다.

　　baju　　　　상의, 양복, 의복
　　바주

　　　　　↓

　　ber-baju　　의복을 몸에 붙인다. 상의를 착용한다.
　　불　바주

★이러한 ada나 rokok, baju 등은 어근임으로 그대로 표제어가 된다. 동요나 속담 등에서는, 단순한「어근」그 자체가 쓰여진다.

　　Nona Manis
　　노나　마니스

　　Nona manis siapa yang punya?　귀여운 저 아가씨는 누구의 것?
　　노나　마니스　시아빠　양　뿌니야

　　Nona manis siapa yang punya?　귀여운 저 아가씨는 누구의 것?
　　노나　마니스　시아빠　양　뿌니야

　　Nona manis siapa yang punya?　귀여운 저 아가씨는 누구의 것?
　　노나　마니스　시아빠　양　뿌니야

　　Rasa sayang, sayang eh!　　　라사 · 사양 · 사양 · 에－!
　　라사　사양　사양　에－

음절을 나누는 방법

★사전을 찾는다는 입장을 떠나서, 인도네시아어의 단어 그 자체의 구성에 대해서 약간 학습해 두기로 한다.
★접두사나 접미사 없이 어근 그 자체가 단어로 되어 있는 것, 그것이 바로「뜻을 가진 말의 최소의 단위」이지만, 인도네시아어의 어근은 그중의 약 75%가 2음절어이기 때문에「어근」이나「단어」를 생각하는 경우, 음절로 나누어서 학습하는 것이 효율적이다. 예를 들면,

　　bahasa　　　　언어
　　바하사

★이것은 ba-ha-sa의 3음절로 구성되어 있다. 이 단어의 3음절은 모두 자음＋모음(b＋a, h＋a, s＋a)으로 구성되어 있다.

　　saya　　　　　나
　　사야

이것은 2음절이며, 어느 음절(sa-ya)도 모두 자음＋모음이다.

■ 인도네시아어의 단어 음절의 기본적인 4가지 유형

① 모음 뿐   a-kan, su-a-ra
                          아 칸   수 아 라

② 자음＋모음   ka-mi, me-ja, sa-ya
                          카 미   매 자   사 야

③ 모음＋자음   is-lam, ar-ti
                          이스 람   아트 티

④ 자음＋모음＋자음   han-tam, hen-dak, jan-tan
                          한 탐   헨 닥크   잔 탄

* 입문편에서는 우선 이 4가지의 유형에 대해서 학습하기만 해도 좋을 것이다. 장차 인도네시아어의 매력에 사로 잡혀 보다 더 깊이 연구하려고 생각했을 때에, 이러한 점을 상기하길 바란다.

★ 몇 개의 글을 이어서 정돈된 뜻이나 기분을 나타낸 것이 문장이다. 그 반대로 문장을, 정돈된 내용을 나타내서 끝내는 일련(一連)의 말(글, 보통은 종지부로 끝난다)로 분해하여, 다시 그 글을 뜻을 가진 말의 최소 단위(단어)로 나누어서, 그러한 단어들 간의 관계를 고찰하는 것이 문장의 독해(讀解)임으로, 대체로 그 시초는 단어의 학습이 되는 것이다. 단어의 학습을 위한 어근을 찾는 것이, 사전과 친근해지는 첫걸음이다.

음절   →   어근   →   단어→문   →   문장
(음절)   (접두·접미사)   (주어·술어·설명어)   (주문·종속문)

3 글 의 형 태

★최초에 말의 가장 중요한 요소인 발음에 대한 학습을 끝내고, 이어서 글을 구성하는 뜻을 가진 최소 단위인 「단어」의 형태에 대한 학습을 했다. 단어는 몇 개의 음절로 성립된다는 점과 단어 중에서 나중에 첨가된 접사(接辭)를 제외하고, 원래의 어근을 찾아내서 사전을 찾아야 하는 점도 알았을 것이다.

★여기서는, 다음에 설명되는 문법 학습의 입문이라고도 할 수 있는, 글의 형태에 대한 학습을 하기로 한다. 여기서 입문편을 끝나고, 이제 인도네시아어의 기본 룰을 설명하기로 한다.

■구어체의 회화문이면,
sayamakanbubur 〔사야마칸부불-〕로 단숨에 말한 것으로 들릴 것이다. 그러나 이것을 문자로 써 보면, Saya makan bubur. 〔사야・마칸・부불-〕(나는 죽을 먹는다)로 된다.

★인도네시아어는 주어(S)＋술어(V)＋목적어(O)의, 이른바 SVO형 배열임으로 이 한도에서는 SOV형의 우리말보다도 영어나 중국어에 가깝다고 말할 수 있을 것이다. 그렇다고해서 인도네시아어 그 자체가 우리말보다도 영어나 중국어에 가깝다고 논해서는 안되며 술어, 예를 들면 동사에 어미 변화가 없고 또한 be동사가 존재하지 않는 점 등을 보면 우리말과 유사한 언어인 것이다.

D－M의 룰

★인도네시아어의 대원칙으로써, D－M 룰이란 것이 있다. D는 설명되는 말(diterangkan 디테랑칸), M는 설명하는 말(menerangkan 무네랑칸)의 머리글자이다. 즉 설명되는 말이 최초에 있고, 설명하는 말은

그 뒤에 따른다는 것이다. 예를 들면,
　　sepatu(구두)와 merah(붉은)은,

　　sepatu merah　　**sepatu merah**

이며, 「붉은 구두」이다. sepatu는 바로 뒤의 merah에 의해서 설명되어
있는 셈이다. 이것을 merah sepatu로 말하지는 않는다.

　　Saya makan　　**Saya makan**
　　사야　　마칸

은 어떠한가.

★Saya(나)는 주어이다. 무엇을 하는가 하면 makan(먹는다)라는 술
어(동사)로 설명되어 있다. 역시 설명어가 뒤에 오는 D-M 룰에 따르
고 있다.

★그러나, 설명하는 말이 뒤에 주어진다는 D-M의 룰에도 예외가 있
다. 학습하는 쪽에서 보면 약간 까다로운 일이지만 각각의 실례에 익숙
해지면 그다지 어렵지 않다.

★예를 들면, 몇 개의 부사, 수사 등이 설명하는 말이면서 설명되는 말
의 앞에 주어진다.

　　Orang itu sangat gemuk.
　　오랑　　이투 상갓트　　구묵크

이지만, sangat gemuk를 gemuk sangat로 말하지는 않는다.

의　문　문

★글의 형태 중에서 의문문은 어떠한가? 물론 의문사가 중요한 위치를
차지하게 된다.

apa	무엇	**siapa**	누구
아빠		시아빠	
berapa	얼마	**kenapa**	왜
부라빠		쿠나빠	

mengapa 왜	apabila 언제
문가빠	아빠비라
mana 어느 쪽	bagaimana 어떠한
마나	바가이마나
bilamana 언제	di mana 어디에
비라마나	디 마나
dari mana 어디로부터	ke mana 어디로
다리 마나	크 마나

등이다. S+V+O의 구성 중에서 의문사와 대치된 단어의 부분이 글 중의 가장 중요한 요소가 됨으로, 그 부분이 글의 첫머리에 오게 된다.

① 주부가 의문사로 대치되면   의문 S+V+O
② 술부가 의문사로 대치되면   의문 S+(O)+S
③ 술부 안의 목적어가 의문사로 대치되면, 의문 O+S+V로 된다.

의문 S+V+O

Siapa makan itu?   누가 그것을 먹었는가?
시아빠   마칸   이투

의문 V+(O)+S

Dari mana dia?   그는 어디의 출신인가?
다리   마나   디아

의문 O+S+V

Buah apa dia makan?   무슨 과일을 그는 먹고 있는가?
부아-   아빠 디아 마칸

명 령 문

★「~해주었으면 한다, ~해 주는 것을 바라고 있다」는 것을 상대방에 전하는 글을 명령문이라고 칭한다.

① Tunggu!   기다리세요!
통구-

② Silakan tunggu.   아무쪼록 기다려 주십시오.
시라칸   통구-

③ Makan di sini!   여기서 먹으세요!
마칸   디 시니

④ Silakan makan di sini. 아무쪼록 여기서 드세요.
시라칸   마칸   디 시니

⑤ Datang di sini!　　　　이리 오세요!
　　다탕　디 시니

⑥ Datanglah di sini.　　　어서 이리 오십시오.
　　다탕라-　　디 시니

★이 ②, ④, ⑥과 같이 silakan이나 lah를 쓰면「공손한」표현이 됨으로, 명령보다도 권유나 의뢰를 나타내는 것이 된다.

인토네이션

★구어의 경우, 또 하나 중요한 것에 인토네이션이 있다. 간결한 글에서는 더욱 중요하며, 인토네이션에 의해서 그 뜻이 복잡하게 변하기 때문에 주의해야만 한다.

Ambil buku itu!를 예로 들어 학습하기로 한다.

Ambil buku itu!　　　그 책을 들으세요.
아므빌　부쿠　아투

Ambil *buku* itu!　　　(펜이나 시계가 아니라) 그 책을 들으세요.
아므빌　부쿠　아투

Ambil buku *itu*!　　　(이 책이나 저 책이 아니라)그 책을 들으세요.
아므빌　부쿠　아투

★이태릭체의 부분을 (강약 악센트로) 강하게 발음하는 것은 말할 나위도 없다. 이것이 회화문의 재미있는 점이며,「문장어」에 없는「묘미」이다.

글 의 접 속

★글과 글이 결합되어 문장이 완성된다. 글과 글을 결합시키기 위해서 접속사가 쓰여진다. 2개, 또는 그 이상의 글의, 상호 관계에 의해서, 주 문절과 종속 문절의 위치가 정해진다. 당연한 관계, 반대의 뜻의 관계, 원인과 결과의 관계, 조건 설정의 관계 등이 있다.

● 순리(順理)

Ibu menuang teh, bapak membaca surat kabar dan
이부　무누앙　　　테-　바빡　무므바차　　수랏트　카발-　단

adik bermain-main.
아딕크 　 부르마인 　 　 마인

　어머니는 차를 끓이고 계시다. 아버지는 신문을 읽고 계시다. 동생은
놀고 있다.

●반대

Adiknya pandai, tetapi kakaknya tidak.
아딕크니야 　 　 빠다이 　 　 　 테타삐 　 　 카칵니야 　 　 　 티탁크

　동생은 영리하지만, 형은 그렇지 않다.

●원인 · 결과

Karena hujan kemarin, saya tidak pergi main golf.
카루나 　 　 후잔 　 　 크마린 　 　 사야 　 티탁크 　 뿌르기 　 　 마인 　 　 골프

　어제 비가 왔기 때문에, 나는 골프치러 가지 않았다.

●조건

Kalau anda tidak berhalangan, datanglah di rumah
카라우 　 　 안다 　 티닥크 　 부르하란간 　 　 　 　 다탕라 - 　 　 　 디 　 루마 -

saya besok.
사야 　 　 베속크

　만약 당신에게 지장이 없으면, 내일 나의 집에 와 주십시요.

★여기서, 주된 접속사를 몇 가지 들어두기로 한다. 상세한 것은 문법편
의 접속사의 항에서 학습해주길 바란다. 글과 글, 단어와 단어의 접속에
필요하다.

dan 단	그리고, ~과	serta 스르타	그리고, 함께
lagi 라기	더욱이, 더욱더	atau 아타우	혹은, 또는
tetapi 테타삐	그러나	akan tetapi 이칸 　 테타삐	그렇지만
karena 카르나	~임으로	sebab 스바부	~그러므로
sebab itu 스바부 　 이투	그러므로~	hingga 힝가	까지
sampai 삼빠이	까지	ketika 쿠타가	할 때에
sejak 세작크	이래	sesudah 스수다 -	하고나서
sebelum 스부룸	하기 전에	seperti 스뿌르티	~과 같이

sebagai 스바가이	~으로서	**kalau** 카라우	만약에
jika 지카	만약에	**yaitu** 야이투	즉
yaini 야이니	즉	**agar** 아갈 –	될 수 있도록
supaya 스빠야	될 수 있도록	**bahwa** 바후와	즉 ~이다 (간접 화법의 접속사)

입 문 편 의 정 리

1. 자음으로 끝나는 발음 연습(뜻은 외우지 않아도 무방함)

adat	습관	ekor	꼬리
enak	맛있는	ekspor	수출
empat	4	besar	큰
obat	약	orang	사람
otak	두뇌	udang	새우
bintang	별	binatang	동물
dan	그리고	murid	생도
fajar	새벽	flat	아파트
jam	시각 · 시계	makan	먹다
minum	마시다	bulan	달
sampah	쓰레기	payah	지친
rajin	성실한	masuk	들어가다
tinggal	살다	tanggal	달력 · 날씨
wakil	대리	waduk	댐
zaman	시대	izin	허가
khas	독특	ikhlas	성실한
akhir	최종	khotbah	설교
datang	오다	jepang	일본

tangis	눈물	nyamuk	모기
syair	시	bandar	항구
syukur	감사	syal	솔

2. 주의해야 할 발음([l]와 [r], [ng]와 [g])

lupa	잊다	laku	행하다
lalu	통과하다	loncat	도약하다
rupa	형태	rugi	손해
baru	새로운	berapa	얼마
dengan	～에서	jangan	하지 말라
datang	오다	binatang	동물
tanggal	달력	tinggal	살다
tangga	계단	ganggu	방해하다

3. 음절의 분해

① 모음　　　　　　a-kan　～에 대해서　su-a-ra　소리
② 자음＋모음　　　ka-mi　우리들 me-ja　탁자　sa-ya　나
③ 모음＋자음　　　is-lam　이슬람　　　as-li　오리지날
④ 모음＋자음＋모음　han-tam 해치우다　　hen-dak 희망하다
　　　　　　　　　jan-tan　(동물의) 수컷

4. 어근

사전의 표제어가 된다.
뜻을 가진 말의 최소 단위.

5. 단어

어근 그대로, 또는 플러스 접사(接辭).

6. 문

몇 개의 단어가 일정한 룰에 의거하여 배열된다. 하나로 정돈된 내용을
나타내서 말을 끝내는 일련(一連)의 말. 종지부까지.

7. 문장

몇 개의 글이 이어져서, 하나의 정리된 뜻이나 기분을 나타내는 것.

8. 설명되는 말(diterangkan)과 설명하는 말(menerangkan)의 순서
D-M

9. 기본문형은, S+V+O

제 2 장 ●

일상 회화편

1. 여러분 안녕하세요

Selamat pagi(siang, sore, malam) sekalian.

ANTO : Selamat pagi sekalian.
스라맛트　　　빠기　스카리안

BONGSU : Selamat pagi.
스라맛트　　　빠기

ANTO : Kenalkan, nama saya Anto.
크나르칸　　　나마　　사야　　안토

BONGSU : Nama saya Ree.
나마　　사야　　이

ANTO : Nona itu siapa?
노나　　이투　시아빠

BONGSU : La Nona Yuna Soh. Dan
라　노나　　유나　서　　단

orang ini Nona yeongja Bak.
오랑　　이니　노나　　영자　　박

ANTO : Selamat bertemu.
스라맛트　　브르테무

안토 : 여러분, 안녕하세요(아침).
봉수 : 안녕하세요(아침).
안토 : 잘 부탁합니다. 나의 이름은 안토입니다.
봉수 : 나의 이름(성)은 이 올시다.
안토 : 저 아가씨는 누구십니까?
봉수 : 그녀는 서유나님입니다. 그리고 이분은 박영자님입니다.
안토 : 처음 뵙겠습니다(만나 뵈어서 반갑습니다의 뜻).

단어 노트 ───────────────────────────────

selamat pagi 안녕하세요(아침) 　　 sekalian 여러분, 제군
kenalkan 알아 두십시오. 　　 nama 이름 　　 saya 나
nona 아가씨 　　 itu 저, 그 　　 siapa 누구 　　 ia 그, 그녀
dan 그리고 　　 orang 인물 　　 ini 이것, 이
selamat 평안, 평온, 안녕 　　 bertemu 만나다

인사의 말

★ 우리말의 「안녕하세요」라는 말에 해당하는 표현은, 인도네시아어에는
없다. 「좋은 아침을」 「좋은 낮을」 「좋은 저녁을」로, 다음과 같이 말하
는 것이 보통이다.

Selamat pagi. 　　 [스라맛트 빠기-] 좋은 아침을

pagi는 아침 11시경까지

Selamat siang. 　　 [스라맛트 시앙그] 좋은 낮을

siang는, 주간 11시~15시경

Selamat sore. 　　 [스라맛트 소레-] 좋은 저녁을

sore는 오후 15시경~일몰

Selamat malam. 　　 [스라맛트 마라-므] 좋은 밤을

malam은 밤이 어두어져서부터

■ Selamat란 안녕, 평온, 평화 등을 뜻하는 말이다. 「편안해서 다행이
다」는 뜻외에, 「평온하소서! 안녕하소서!」라는 수망을 신에게 부탁하는
말이기도 하다.

★ 또, 인도네시아어에서는 작별 인사도, 만났을 때와 같이 「아침」이나

1. 여러분 안녕하세요　*33*

「낮」 등의 말로 구별해서 쓴다. 「안녕」이란 기분을 깃들여서 만날 때와 같이 같은 말로 인사를 나눈다. 약간 어미를 길게 늘임으로써 감정을 표시하게 된다.

Selamat pagi.　안녕히
Selamat siang.　안녕히
Selamat sore.　안녕히
Selamat malam.　안녕히

★우리말에서는 밤에 헤어질 때의 인사로, 「편히 주무십시오」라고 하지만, 특히 「헤어지다」는 것은 강조하지 않고, 단지 헤어지는 인사는 Selamat tidur가 아니라, Selamat malam으로 쓰면 된다.

■ 여러분이란 2인칭의 복수에는 sekalian이란 말이 있다.

para hadirin sekalian　　출석하신 여러분
빠라　하디린　스카리안

para penumpang sekalian　탑승하신 승객 여러분
빠라　쁘수므빵그　스카리안

과 같이 쓴다.

대 명 사

★이사람, 저사람이라고 하는 것은 다음과 같이 말한다.

orang ini. orang itu.

orang Korea는 한국인, orang Inggris는 영국인, orang Amerika는 미국인, orang Cina는 중국인이란 용법을 쓴다. nona는 「아가씨」의 뜻임으로 nona itu는 「저 아가씨」 「그 아가씨」가 되는 것이다.

■ 자주 쓰여지는 지시 대명사

이것	**ini** 이니	이 사람	**orang ini** 오랑그　이니
그것	**itu** 이투	그 사람	**orang itu** 오랑그　이투
저것	**itu** 이투	저 사람	**orang itu** 오랑그　이투
어느 것(의문사)	**mana** 마나	어느 사람?	**orang mana?** 오랑그　마나

1인칭	단수	**saya** 사야	나
		aku 아쿠	내, 이 사람
	복수	**kami** 카미	우리들(상대를 포함하지 않음)
		kita 키타	우리들(상대를 포함하는 전원)
2인칭	단수	**anda** 안다	당신
		kamu 카무	너, 자네
		saudara 사우다라	너(남성에 대해서)
		saudari 사우다리	너(여성에 대해서)
	복수	**kamu** 카무	너희들(단수와 같다)
		sekalian 스카리안	제군, 전원, 여러분
3인칭	단수	**ia** 이아	그, 그녀
		dia 디아	그, 그녀
	복수	**mereka** 므레카	그들, 그녀들

■ 자주 쓰여지는 인칭 대명사

나의 아버지	**ayah saya** 아야– 사야
저의 아버지	**ayah aku ayahku** 아야– 아쿠 아야–쿠
우리들(상대를 포함하지 않음)의 아버지	**ayah kami** 아야– 카미
우리들(상대를 포함)의 아버지	**ayah kita** 아야– 키타
당신의 아버지	**ayah anda** 아야– 안다

너의 아버지   **ayah kamu ayahmu**
아야-   카무   아야-무

너(남성)의 아버지   **ayah saudara**
아야-   사우다라

너(여성)의 아버지   **ayah saudari**
아야-   사우다리

여러분의 아버지   **ayah sekalian**
아야-   스카리안

그(그녀)의 아버지   **ayah dia, ayahnya**
아야-   디아   아야-니야

저 사람들의 아버지   **ayah mereka**
아야-   므레카

■ 자주 쓰여지는 가족의 호칭

아버지	ayah 아야-	어머니	ibu 이부
조부	kakek 카켁크	조모	nenek 네넥크
남편	suami 수아미	아내	istri 이스트리
아이	anak 아낙크	사내아이	anak laki-laki 아낙크 라키 라키
여자아이	anak perempuan 아낙크 쁘르므뿌안	아기	bayi 바이-
형제	saudara 사우다라	형	kakak laki-laki 카칵크 라키 라키
누이	kakak perempuan 카칵크 쁘르므뿌안	동생	adik laki-laki 아딕크 라키 라키
누이동생	adik perempuan 아딕크 쁘르므뿌안	손자	cucu 추추
사촌	adik sepupu 사우다라 세뿌뿌	숙부	paman 빠-만
숙모	bibi 삐삐	조카, 질녀	keponakan 조뿌나칸

nenek   kakek   nenek   kakek

ibu   bibi   paman   paman   ayah   bibi   bibi   paman   paman

adik   saya   kakak   kakak

2. 인도네시아는 덥습니까?

Apakan Indonesia panas?

YUNA : Apakah Sdr. Anto mahasiswa?
아빠카－　　　사우다라 안토　　마타시즈와

ANTO : Ya, saya mahasiswa Indonesia.
야－　사야　　마하시즈와　　　　인도네시아

YUNA : Apakah Indonesia panas?
아빠카－　　　인도네시아　　　빠나스

ANTO : Ya, panas di sana. Panasnya hampir
야－　빠나스　　디　사나　　빠나스니야　　　하므쁠

sama dengan musim panas di sini
사마　　　덴간　　　무심　　빠나스　　디　시니

YUNA : Apakah ada empat musim di
아빠카－　　　아다　　움빳트　　무심　　　디

Indonesia?
인도네시아

ANTO : Tidak, tidak dada empat musim
티닥크　　　티닥크　　아다　　움빳트　　　무심

seperti di sini
스뻬르티　　　디　시니

유나 : 안토님은 대학생입니까?
안토 : 예, 나는 인도네시아의 대학생입니다.
유나 : 인도네시아는 덥습니까?
안토 : 예, 거기는 덥습니다. 더위는 이곳 여름과 거의 같습니다.
유나 : 인도네시아에는 4계절이 있습니까?
안토 : 아니오, 이곳과 같은 4계절은 없습니다.

단어 노트

Sdr.=Saudara 형제, 아무개, 모모군   mahasiswa 대학생
mahasiswa Indonesia 인도네시아의 대학생   panas 더운, 뜨거운
di sana 거기서, 거기에   panasnya 더위, 뜨거움
hampir 거의   sama 같은   dengan ~과   musim 계절
musim panas 여름   di sini 여기서, 여기에, 여기의
empat 4, 4개   seperti ~와 같은

의문문과 부정문

★「…입니다」라는 의문사의 apakah를 글의 첫머리에 둔다. 글 전체나 명사를 부정할 때는, bukan이라고 한다. 동사나 형용사 등의 술어를 부정할 때는 tidak라고 한다.

Apakah anda mahasiswa?　　당신은 대학생입니까?
아빠카-　　안다　　마하시스와

Ya, saya mahasiswa.　　예, 나는 대학생입니다.
야-　사야　　마하시스와

Bukan, saya pegawai bank.　아니오, 나는 은행원입니다.
부칸　　　사야　　쁘가와이　　　방크

■ **연습** ■　밑줄친 부분에 단어를 넣으세요.

Apakah ia _________?　　그는 선생(guru)입니까?
아빠카-　　이아

　Ya, ia _________.　　예, 그는 선생님입니다.
　야-　이아

　Bukan, ia bukan _________.　아니오, 그는 선생님이 아닙니다.
　부칸　　　이아 부칸

Apakah _________ di sana?　거기는 춥습(dingin)니까?
아빠카-　　　　　디 사나

Ya, ＿＿＿＿＿ di sana?　　예, 거기는 춥습니다.
야－　　　　　　　디　사나

Tidak, tidak ＿＿＿＿＿ di sana.
티닥크　　티닥크　　　　　　　디　사나　　아니오, 거기는 춥지 않습니다.

■연습■　밑줄친 부분에 단어를 넣으세요.

Apakah ＿＿＿＿＿ di sana?　　거기는 시원합(sejuk)니까?
아빠카－　　　　　　　디　사나

　Ya, ＿＿＿＿＿ di sana.　　예, 거기는 시원합니다.
　야－　　　　　　　디　사나

Tidak, tidak ＿＿＿＿＿ di sana.
티닥크　　티닥크　　　　　　　디　사나　　아니오, 거기는 시원하지 않습니다.

Apakah ＿＿＿＿＿ di sana?　　거기는 따뜻합(hangat)니까?
아빠카－　　　　　　　디　사나

　Ya, ＿＿＿＿＿ di sana.　　예, 거기는 따뜻합니다.
　야－　　　　　　　디　사나

Tidak, tidak ＿＿＿＿＿ di sana.
티닥크　　티닥크　　　　　　　디　사나　　아니오, 거기는 따뜻하지 않습니다.

Apakah ini ＿＿＿＿＿?　　이것은 비쌉(mahal)니까?
아빠카－　　이니

　Ya, itu ＿＿＿＿＿.　　예, 그것은 비쌉니다.
　야－　이투

Tidak, itu tidak ＿＿＿＿＿.　　아니오, 그것은 비싸지 않습니다.
티닥크　　이투 티닥크

Apakah ini ＿＿＿＿＿?　　이것은 쌉(murah)니까?
아빠카－　　이니

　Ya, itu ＿＿＿＿＿.　　예, 그것은 쌉니다.
　야－　이투

Tidak, itu tidak ＿＿＿＿＿.　　아니오, 그것은 싸지 않습니다.
티닥크　　이투 티닥크

Apakah ia ＿＿＿＿＿?　　그는 뚱뚱합(gemuk)니까?
아빠카－　　이야

　Ya, ia ＿＿＿＿＿.　　예, 그는 뚱뚱합니다.
　야－　이아

Tidak, ia tidak ＿＿＿＿＿.　　아니오, 그는 뚱뚱하지 않습니다.
티닥크　　이아 티닥크

Apakah ia ＿＿＿＿＿?　　그는 아밀－씨(Tuan Amir)입니까?
아빠카－　　이아

Ya, ia __________.
야- 이아
예, 그는 아밀－씨입니다.

Bukan, ia __________.
부칸   이아
아니오, 그는 와르노(Tuan Warno)씨입니다.

Apakah air ini __________?
아빠카-   아일 이니
이 물은 깨끗(bersih)합니까?

Ya, air ini __________.
야- 아일 이니
예, 이 물은 깨끗합니다.

Tidak, air ini __________.
티닥크   아일 이니
아니오, 이 물은 더럽(kotor)습니다.

Apakah ia __________?
아빠카-   이아
그는 중국인(orang Cina)입니까?

Ya, ia __________.
야- 이아
예, 그는 중국인입니다.

Bukan, ia __________.
부칸   이아
아니오, 그는 한국인(orang Korea)입니다.

Apakah ini koran __________?
아빠카-   이니 코란
이것은 중국어의(bahasa Cina) 신문입니까?

Ya, itu koran __________.
야- 이투 코란
예, 그것은 중국어의 신문입니다.

Bukan, itu koran __________.
부칸   이투 코란
아니오, 그것은 일본어(bahasa Jepang)의 신문입니다.

■인도네시아어에는 「…이다」라는, 영어의 be동사에 해당하는 특별한 단어는 없다.

★예를 들면, 「나는 대학생이다」라고 말할 때 나 saya와 대학생 mahasiswa의 두 개의 단어를 늘어놓을 뿐이며,

Saya mahasiswa. [사야 마하시스와] 「나는 대학생이다」라는 뜻이 된다.

★또, 이것 ini와 크다 besar의 두 개의 단어를 늘어놓기만 하면 Ini besar. [이거 브살－] 「이것은 크다」라는 뜻이 된다.

형용사의 비교급과 최상급

★형용사의 정도를 서술하는 경우에

「보다 더 한층」	의 경우에는	앞에 lebih
「대단히」「매우」	인 경우에는	앞에 sangat
		또는 뒤에 sekali
「가장」「제일」	의 경우에는	접두사의 ter
		또는 앞에 paling

등을 첨가한다.

Itu besar.
이투 브살-

그것은 크다.

Itu lebih besar.
이투 레비- 브살-

그것은(~보다) 한층 크다.

Itu terbesar.
이투 테르부살-

그것은 대단히(가장) 크다.

Itu sangat besar.
이투 산갓트 브살-

그것은 매우 크다.

Itu besar sekali.
이투 브살- 스카리

그것은 대단히 크다.

Itu paling besar.
이투 빠링그 브살-

그것은 가장 크다.(제일이다)

■연습■ 밑줄친 부분에 단어를 넣으세요.

Ini enak.
이니 에낙크

이것은 맛이 있다.

Ini _________ enak.
이니 에낙크

이것은 (~보다) 한층 맛이 있다.

Ini _________ enak.
이니 에낙크

이것은 매우(가장) 맛이 있다.

Ini _________ enak.
이니 에낙크

이것은 대단히 맛이 있다.

Ini enak. _________
이니 에낙크

이것은 대단히 맛이 있다.

Ini _________ enak.
이니 에낙크

이것은 가장 맛이 있다(제일이다)

Ia pandai
이아 빤다이

   Ia _________ pandai. 그는(~보다도) 한층 머리가 좋다.
   이아 빤다이

   Ia _________ pandai. 그는 아주(가장) 머리가 좋다.
   이아 빤다이

   Ia _________ pandai. 그는 대단히 머리가 좋다.
   이아 빤다이

   Ia _________ pandai. 그는 가장 머리가 좋다(최고이다)
   이아 빤다이

Buah ini manis._________ 이 과실은 달다.
부아- 이니 마니스

   Buah ini _________ manis. 이 과실은(~보다) 한층 달다.
   부아- 이니 마니스

   Buah ini _________ manis. 이 과실은 대단히(가장) 달다.
   부아- 이니 마니스

   Buah ini _________ manis. 이 과실은 매우 달다.
   부아- 이니 마니스

   Buah ini manis _________. 이 과실은 매우 달다.
   부아- 이니 마니스

   Buah ini _________ manis. 이 과실은 가장 달다(제일이다).
   부아- 이니 마니스

■ 이와 같은 예문과 같이 형용사에 접두사인 ter[테르]가 붙은 경우에는 「대단히」 「가장」이란 뜻이 되지만, ter에는 다른 용법도 있기 때문에, 틀림없이 최고의, 제1의라고 말할 때에는, 부사의 paling [뻬링그]를 쓰면 된다.

paling tinggi 가장 높은
paling mahal 가장 값이 비싼
paling dekat 가장 가까운
paling makmur 가장 번창하고 있는

3. 아침에 몇시에 일어납니까?

Jam berapa bangun pagi?

BONGSU : Sdr. Anto, biasanya jam berapa
사우다라 안토　비아사니야　쟘　부라빠

bangun pagi?
방군　빠기

ANTO : Hari biasa saya bangun jam
하리　바아사　사야　방군　쟘

tujuh pagi, karena ada kuliah.
투주－　빠기　카르나　아다　쿠리아－

BONGSU : Kalau hari libur, lain?
카라우　하리　리불－　라인

ANTO : Ya, bangun agak siang, kira-kira
야－　방군　아가크　시앙그　키라　키라

jam sembilan.
쟘　스므비란

봉수 : 안토씨, 평소에는 아침에 몇 시에 일어납니까?

안토 : 보통 날은 아침 7시에 일어납니다. 수업이 있기 때문에.

봉수 : 휴일은 다릅니까?

안토 : 예, 약간 늦게. 9시 경입니다.

biasa 평소의, 보통의　　biasanya 평소에는, 보통은
bangun 일어나다, 서다　　bangun pagi （아침）잠을 깨다
hari biasa 평소의 날　jam 시각, 시계　karena ～임으로
kuliah 강의, 수업　libur 휴가, 휴일　hari libur 휴일
lain 다른, 상이한　agak 약간, 조금　siang 주간
kira-kira 약, 대략

★hari biasa와 hari libur에 「몇시」라는 표현이 나와 있기 때문에 요일과 시각 등에 대해서 학습하기로 한다.

■ 요일과 기타

hari Minggu
하리　민구－
일요일 어원은 deo minggo 신의 날（포르투갈어）

hari Ahad
하리　아핫드
일요일 어원은 아라비아어의　1

hari Senin
하리　세닌
월요일 어원은 아라비아어의　2

hari Selasa
하리　스라사
화요일 어원은 아라비아어의　3

hari Rabu
하리　라부
수요일 어원은 아라비아어의　4

hari Kamis
하리　카미스
목요일 어원은 아라비아어의　5

hari Jumat
하리　주므맛트
금요일 어원은 아라비아어의 합동예배

hari Sabtu
하리　사브투
토요일 어원은 아라비아어의　7
　　　　　　헤브라이어의　7（안식일）

hari kerja
하리　크르자
평일, 워크 데이

hari biasa
하리　비아사
평소의 날

hari libur
하리　리블－
휴일, 휴업일

hari raya
하리　라야
휴일, 국정휴일, 축제일

akhir pekan
아힐－　쁘칸
주말, 위크엔드

akhir minggu 　주말, 위크엔드
아힐　민구-

■ 시각과 시간

Jam berapa? 　몇 시?
잠　브라빠

Jam tiga 　3시
잠　티가

Jam sepuluh 　10시
잠　스쁠루-

Jam dua belas 　12시
잠　두아　브라스

Jam setengah dua 　1시 반
잠　스텔가-　두아

=Jam satu lewat tiga puluh 　1시 30분 경과
잠　사투　레왓트　티가　뿌루-

Jam dua lewat tujuh menit 　2시 7분 경과
잠　두아　레왓트　투주-　므닛트

Jam dua kurang tujuh menit 　2시 7분 전
잠　두아　쿠랑그　투주-　므닛트

berapa jam? 　몇 시간?
브라빠　잠

tiga jam 　3시간
티가　잠

sepuluh jam 　10시간
스쁠루-　잠

dua belas jam 　12시간
두아　브라스　잠

dua setengah jam 　2시간 반
두아　스텐가-　잠

dua tiga jam 　2~3시간
두아　티가　잠

수에 대해서 여러 가지를 학습하기로 한다. 수사, 서수사, 그리고 조
수사 등이다.

■ 먼저, 1부터 10까지 세어봅시다.

satu	1	dua	2
사투		두아	
tiga	3	empat	**4**
티가		우므빳트	
lima	5	enam	**6**
리마		우남	
tujuh	7	delapan	8
투주-		데라빤	
sembilan	9	sepuluh	10
스므비란		스뿌루-	

■ 다음에 11부터 20까지 세기로 한다.

sebelas　　11　　sebelas로 하나로 쓴다.
스브라스

dua belas　　12　　dua belas로 나누어서 쓴다. 이하 같음.
두아　　브라스

tiga belas	13	empat belas	14
티가　브라스		우므빳트　브라스	
lima belas	15	enam belas	16
리마　브라스		우남　브라스	
tujuh belas	17	delapan belas	18
투주-　브라스		데라빤　　브라스	
sembilan belas	19	dua puluh	20
스므비란　　브라스		두아　뿌루-	

■ 10의 자리는 다음과 같이 센다.

sepuluh　　10　　sepuluh를 하나로 쓴다.
스뿌루-

dua puluh　　20　　dua puluh로 나누어서 쓴다. 이하 같음.
두아　뿌루-

tiga puluh	30	empat puluh	40
티가　뿌루-		우므빳트　뿌루-	
lima puluh	50	enam puluh	60
리마　뿌루-		우남　뿌루-	
tujuh puluh	70	delapan puluh	80
투주-　뿌루-		데라빤　뿌루-	

sembilan puluh　90
스므비란　　뿌루-

■ 100이나 1,000, 10,000 등은 다음과 같이 센다.

seratus	100	sembilan ratus	900
스라투스		스므비란　라투스	
seribu	1,000	dua ribu	2,000
스리부		두아　리부	
tiga ribu	3,000	empat ribu	4,000
티가　리부		우므빳트　리부	
dua ratus ribu	200,000		
두아　라투스　리부			

············

sejuta (satu juta)　　1,000,000
스주타

■ 인도네시아어에 의한 숫자 표기는, 각 3자리에 피리어드, 소숫점 코마를 찍는다.

서 수 사

★ 몇 번째와 같은 순서의 숫자 표기를 하는 말을 서수사라고 칭한다.
★ 이 경우에는 숫자 앞에 ke라는 접두사가 붙는다. 예를 약간 들어 보기로 한다.

kesatu	또는	**ke-1**	1 번째의
크 사투			
kedua		**ke-2**	2 번째의
크 두아			
ketiga		**ke-3**	3 번째의
크 티가			
keempat		**ke-4**	4 번째의
크 우무빳트			
kelima		**ke-5**	5 번째의
크 리마			
keenam		**ke-6**	6 번째의
크 우남			

ketujuh 크 투주—	**ke—7**	7 번째의
kedelapan 크 데라빤	**ke—8**	8 번째의
kesembilan 크 스므비란	**ke—9**	9 번째의
kesepuluh 크 스뿌루—	**ke—10**	10 번째의
kesebelas 크 스브라스	**ke—11**	11 번째의
kedua belas 크 두아 브라스	**ke—12**	12 번째의
…………		
kelima puluh 크 리마 뿌루—	**ke—50**	50 번째의
kelima puluh tiga 크 리마 뿌루 티가	**ke—53**	53 번째의
ke seratus empat 크 스라투스 우므빳트	**ke—104**	104 번째의
ke seribu satu 크 스리부 사투	**ke—1001**	1001 번째의

조 수 사

★수를 셀 때에, 연필 1자루라든가, 커피 3잔과 같이 숫자에 첨가해서 쓴다. 「자루」나 「매」등, 보조를 위한 말이 있다. 이것을 조수사라고 칭하지만, 일반적으로 인도네시아어에서 쓰여지는 것 중에서, 그 사용 빈도가 높은 것을 들어보면 다음과 같다.

orang 오랑그	「~사람」	lima orang 리마 오랑그	5 명
ekor 에콜—	「~마리」	lima ekor 리마 에콜—	5 마리
helai 헤라이	「~매」	lima helai 리마 헤라이	5 매
lembar 레므발—	「~매」	lima lembar 리마 레므발—	5 매(helai와 같음)

biji 비지	「~알」	lima biji 리마　비지	5 알(粒)
buah 부아-	「~개」	lima buah 리마　부아-	5 개
batang 바탕그	「~자루」	lima batang 리마　바탕그	5 자루
pasang 빠상그	「~쌍」	lima pasang 리마　빠상그	5 조, 5 쌍, 5 켤레(구두 등)

■연습■　다음 예문을 우리말로 옮기고, 그 다음에 밑줄 친 부분에 다른 수사를 써서 환언해 보세요.

예 :　Saya mau beli <u>sepuluh</u>.　　10
　　　사야　마우　브리　스뿌루-

　　　Saya mau beli delapan.
　　　사야　마우　브리　데라빤

Saya mau beli itu <u>dua</u> kilogram.
사야　마우　브리　이투　두아　키로그람

Saya mau beli itu <u>dua</u> pasang.
사야　마우　브리　이투　두아　빠상그

Saya mau minum obat <u>tiga</u> biji.　　　　(obat 약)
사야　마우　미늠　오밧트　티가　비지

Anak saya juara ke-<u>2</u> lari cepat.　　　　(juara 챔피온)
아낙크　사야　주아라　크　두아　라이　츠빳트

Tamunya berapa orang? <u>Empat</u>.　　　　(tamu 손님)
타무니야　브라빠　오랑그　우므빳트

Minta buatkan fotokipi ini <u>lima</u> lembar.　　(buatkan 작성하다)
민타　부앗트칸　포토코빠　이니　리마　레므발-

4. 안경을 삽니다.

Saya mau beli kaca mata.

YUNA : Saya mau ke toko serbaada.
사야　마우　쿠　토코　스르바아다

ANTO : Mau belanja apa?
마우　브란자　아빠

YUNA : Saya mau beli kaca mata saya.
사야　마우　브리　카차　마타　사야

ANTO : Oh, ya. Itu bagus. Bolehkah saya
오 - 야　이투　바구스　보레-카-　사야

titip?
티팃쁘

YUNA : Boleh saja. Sdr. Anto Mau beli apa?
보레-　사자　사우다라 안토　마우　브리　아빠

ANTO : Minta belikan kopi Bali sebungkus.
민타　브리칸　코삐　바리　스　붕쿠스

유나 : 나는 이제부터 백화점에 갑니다.
안토 : 무엇을 사려합니까?
유나 : 나의 안경을 사려고 생각합니다.
안토 : 그것은 좋으시겠네요. 살것을 부탁해도 좋을까요?
유나 : 좋고 말고요. 안토님은 무엇을 사고 싶습니까?
안토 : 바라신의 커피를 한 봉지 사다 주십시오.

toko 상점   serba 몇 종류의   ada 있다.
serba ada 무엇이든지 있다.   toko serba ada 백화점
belanja 쇼핑하다.   apa 무엇   kaca mata 안경
bagus 멋진, 좋은   boleh 해도 좋다.   titip 위탁하다, 맡기다.
beli 사다.   belikan 사주다.   sebungkus 한 봉지

★belanja는 쇼핑을 뜻한다. 예문과 같이 백화점에 쇼핑하러가는 것이다. 저녁식사의 준비로 가까운 슈퍼에 나가는 것도 belanja이다. 「쇼핑을 하다」 「쇼핑하러 가다」로 공손히 생략없이 표현할 때에는, ber-belanja라고 말하지만, 일상 회화중에서는, belanja만의 예가 많다. 덧붙여서 말하자면, 백화점에는 무엇이든지 있음으로 serba(여러가지의)·ada(있다)이며, toko serbaada.[토코 스르바아다] 슈퍼마켓은 pasar(시장)·swalayan(셀프서비스)이며, pasar swalayan. [빠살－스와라얀]이다.

■「～으로 가다」라고 말할 때에는 pergi(가다)라는 말은 (동사)를 생략하고, ke만으로,

mau ke sekolah 마우 크 스코라－	학교에 간다
mau ke kantor 마우 크 칸톨－	사무실에 간다
mau ke Indonesia 마우 크 인도네시아	인도네시아에 간다
mau ke mana? 마우 크 마나	어디에 가는지요?

등으로 쓴다.

■beli kaca mata이라고 말하고 있다. beli의 연습을 하기로 하자.

beli buku 브리 부쿠	책을 산다
beli buku pelajaran 브리 부크 쁘라자란	교과서를 산다(pelajaran)
beli bunga 브리 분가	꽃을 산다

beli kemeja 브리 크메자	샤쓰를 산다
beli roti 브리 로티	빵을 산다
beli pensil 브리 뺀실	연필을 산다
beli bolpen 브리 볼-뺀	볼펜을 산다
beli telur 브리 치룰-	닥약을 산다
beli ikan 브리 이칸	생선을 산다
beli sayur 브리 사율-	야채를 산다
beli pisang 브리 삐상그	바나나를 산다
beli papaya 브리 빠-빠야	빠-빠야를 산다
beli mangga 브리 만가-	망고를 산다
beli buah-buahan 브리 부아- 부아-한	과실(류)를 산다

■ 안토씨가 「바리산의 커피를 사와 주세요.」
Minta belikan kopi Bali. [민타 브리칸 코삐 바리]라고 말했다. 이 belikan이란 무엇인가?

■ beli(사다)라는 것은 대금을 지불하여, 물건을 손에 넣는다는 것이지만, 자기 자신을 위해서가 아니라, 누군가 타인을 위해서 산다. 즉 (미리 부탁을 받고서나, 그렇지 않아도) 「사서 준다」는 것을 beli라는 말에 kan이란 접미사를 첨가해서 표현한다. 이와 같은 용법은 다른 동사의 경우도 같다.

cari →carikan 차리 차리칸	찾아주다(유실물이나 하숙 등을)
jual →jualkan 쥬알 쥬알칸	팔아주다, 판매하다
buat →buatkan 부앗트 부앗트칸	만들어주다

bawa 바와		나르다, 가져오다, 가져가다
	→bawakan 바와칸	날라서(가지고 와서, 가지고 가서)주다
baca 바차	→bacakan 바차칸	읽어주다
bayar 바얄-	→bayarkan 바얄-칸	(대신에) 지불해주다
kirim 키림	→kirimkan 키림칸	(대신에) 보내주다

★유나님이 자신을 위해서가 아니라, 안토씨를 위해서 주문한 커피를 「사(와)서 주는 것」이므로, beli가 아니라 belikan이라고 한다. 그 반대로 안토씨는 그것을 의뢰하므로, Minta belikan ~으로 말한것이다.

안토씨가 유나님에게
Bolehkah saya titip? [보레-카- 사야 티팃프]
　(살것을 〈쇼핑〉을) 부탁해도 됩니까?
라고 물었다. titip란 도대체 무엇일까? 탁아소에 아이를 일시적으로 맡기거나, 역에서 수화물을 일시적으로 맡기거나, 「전해주세요」라고 편지나 화물을 위탁하는 것은 titip라고 한다. 예문에서는 유나님이 쇼핑을 하러 가기 때문에 「하는김에」 쇼핑을 부탁한 셈이다.

■titip의 예를 듣기로 한다.
Saya titip barang ini di rumah kawan.
사야　티팃프　바랑그　　이니 디 루마-　　카완
　이 물건을 친구의 집에 맡긴다.

Ibu titip kue-kue itu dijual di warung.
이부　티팃프　쿠에쿠에　　이투 디주알　디 와룽그
　어머니는 그 과자류를 상점에 위탁 판매한다.

Ia titip pesan untuk adiknya.
이아 티팃프　쁘산　　운툭크　　아딕크니야
　그는 동생에게의 전언을 부탁했다.

Uutuk membeli barang titipan Anto, Yuna masuk
운툭크　　뭄브리　　바랑그　티티빤　안토　유나　마숫크

di toko bahan makanan.
디 토코 바한 마카난

안토가 부탁한 물건을 사기 위해서, 유나님은 식품점으로 들어갔다.

Ini barang titipan dari ayah saya.
이니 바랑그 티티빤 다리 아야-사야

이것은 나의 아버지로부터의 위탁품이다.

Titip salam saya.
티틱프 사람 사야

나의 인사를 맡깁니다(나로부터의 안부를 전해주세요).

■좋습니다. 알았습니다, 라고 말할 때에 유나님은 boleh saja [보레-사자]라고 말하고 있다. 「알았습니다」하고 인수하는 말에는 그밖에 다음과 같은 것이 있다.

Baik. 바이크	좋습니다.
Baiklah. 바이크라-	좋습니다.
Boleh. 보레-	괜찮습니다.
Bolehlah. 보레-라-	괜찮습니다.
Kenapa tidak? 크나빠 티닥크	왜, 안되는 일이 있겠습니까?
Minta bawakan barang itu. 민타 바와칸 바랑그 이투	그 물건을 날라 주세요.
Baik. 바이크	예(OK).
Minta tunggu di sini. 민타 퉁구- 디 시니	여기서 기다리세요.
Baik. 바이크	예(OK).
Bolehkah saya merokok? 보레-카- 사야 므로콕크	담배를 피워도 좋습니까?
Boleh saja. 보레- 사자	좋고 말고요.
Bolehkah saya tunggu di sini? 보레-카- 사야 퉁구- 디 시니	여기서 기다려도 좋습니까?

Kenapa tidak.
크나빠   티닥크

예, 괜찮습니다.

Bolehkah saya minta asbak?
보레-카-   사야   민타   아스박크

재떨이를 부탁할 수 있을까요?

Boleh, kenapa tidak.
보레-   크나빠   티닥크

예, 좋고말고요.

■ 부탁한 일에 대해서, 좋습니다라고 응락의 의사를 나타내려면 보통은 baik 또는 baiklah로 충분하다.

Minta jaga barang ini.
민타   자가   바랑그   이니

이 물건을 지켜봐 주세요.

Baik.
바이크

예, 알았습니다.

5. 매운 것을 좋아하십니까?

Sukakah yang pedes?

ANTO : Nona Young-Ja kenalkan ini Nona
노나　　영자　　케나르칸　　이니 노나

Tuti, kawan saya mahasiswi dari
투티　카완　　사야　마하시스위　　다리

Indonesia.
인도네시아

YOUNGJA : Kenalkan, Young-ja Selamat siang.
카나르칸　　영자　　스라맛트　　시앙그

TUTI : Selamat siang. Hari ini kami mau
스라맛트　　시앙그　하리　이니 카미　마우

undang makan Nona Young-ja di
운당그　마칸　노나　영자　디

restoran Indonesia. Sukakah makan
레스토란　인도네시아　수카카ー　마칸

yang pedes?
양그　삐디스

YOUNGJA : Sungguh? Wah terima kasih.
순구ー　와ー 테리마　카시ー

안토 : 영자님, 소개합니다. 이분은 나의 친구이며 인도네시아에서 온
　　　대학생 투티 님입니다.

영자 : 잘 부탁합니다. 영자입니다. 안녕하세요.

투티 : 안녕하세요. 오늘은 우리가 영자님을 인도네시아 레스토랑에
　　　초대하려고 생각합니다. 매운 것을 좋아하십니까?

영자 : 정말이예요? 오, 감사합니다.

　kawan 친구　　mahasiswi 여대생　　undang 초대하다.
　undang makan　　식사를 접대하다.　　restoran 레스토랑
　sukakah? 좋아합니까?　　makan 먹다　　yang 관계 대명사
　pedes （얼얼하게） 짠　　yang pedes 짠 것

■「매운 것을 먹는다」를 nakan yang pedes라고 투티씨는 말하고 있
다. yang pedes란 「매운것」을 뜻한다.

yang manis　　　　　　　단 것
양그　　마니스

yang asin　　　　　　　　짠 것
양그　　아신

yang kecil　　　　　　　작은 것
양그　　크칠 -

yang besar　　　　　　　큰 것
양그　　브살 -

＊바꿔 말해 보자.
tinggi 높은 /rendah 낮은 /hitan 검은 /putih 흰 /merah 붉은
/kuning 노랑색의 /biru 푸른 /hijau 초록색의

■이때, tidak, belum, sudah 등의 부사는 다음과 같이 쓰여진다.

yang suka　　　　　　　좋아하는 것
양그　　수카

yang tidak suka　　　　좋아하지 않는(싫은)것
양그　　티닥크　　수카

yang panas　　　　　　　뜨거운 것
양그　　빠나스

yang tidak panas　　　뜨겁지 않는 것
양그　　티닥크　　빠나스

yang belum panas　　아직 뜨거워지지 않는 것
양그　　브룸　　　빠나스

yang sudah jadi　　　기성품, 이미 완성된 것
양그　　수다 -　　자디

yang belum jadi　　　반제품, 아직 완성되지 않은 것
양그　　브룸　　　자디

＊말을 바꾸어 보기로 하자.
besar 큰 / tidak besar 크지 않은

panjang 긴 / tidak panjang 길지 않은
dingin 차가운 / tidak dingin 차갑지 않은
belum dingin 차갑지 않은
sudah masak 익은 / belum masak 익지 않은
sudah dipakai 사용이 끝난 / belum dipakai 미사용의
sudah dicoba 테스트가 끝난 / belum dicoba 테스트 미완의

■ 투티씨가 유나님에게, undang makan이라고 말해 주었다. undang이
란 본래, 「초대한다」「초청한다」라는 뜻이지만, 여기서는 「식사에 초
대한다」나, 「한턱 낸다」고 말하고 있는 것이다. 이와 같이 초대장을
보내서 「초대한다=undang」라는 뜻 외에 식사나 골프 등을 접대하
는 경우에도 쓴다.

■ 식사하러 간다. 영화 구경을 간다. 낚시질하러 간다, 등과 「~하러 간
다」는 것을 다음과 같이 pergi와 me- 동사를 결합하여 표현한다.

pergi makan = pergi untuk makan
쁘르기 마칸

makan은 어근 그대로가 통례

pergi minum = pergi untuk minum
쁘르기 미눔

minum은 어근 그대로가 통례

pergi menonton kukak = pergi untuk menonton kukak
쁘르기 므논톤

pergi menonton film = pergi untuk menonton film
쁘르기 므논톤   피름

pergi memancing ikan = pergi untuk memancing ikan
쁘르기 므만칭그   이칸

pergi mencari barang = pergi untuk mencari barang
쁘르기 문차리   바랑그

antik   antik
안티크

pergi membeli kue = pergi untuk membeli kue
쁘르기 므므브리 쿠에

nonton   구경하다   film   영화
논톤   피름

pancing ikan	낚시질하다	cari	찾는다
빤친그 이칸		차리	
barang antik	골동품	beli kue	과자를 사다
바랑그 안티크		브리 쿠에	

■ 자아, 함께 갑시다 하고 말을 거는 것은 mari kita…이다.

Mari kita pergi makan yang enak.
마리   키타   쁘르기   마칸   양그   에낙크

　자아, 함께 맛있는 것을 먹으러 갑시다.

Mari kita pergi minum bir draft.
마리   키타   쁘르기   미눔   빌-   드라프트

　자아, 함께 생맥주를 마시러 갑시다.

Mari kita pergi memancing ikan pada   hari
마리   키타   쁘르기   므만칭그   이칸   빠다   하리

Minggu.
민구-

　자아, 함께 일요일에 낚시질을 갑시다.

Mari kita pergi mencari dia.
마리   키타   쁘르기   믄차리   디아

　자아, 함께 친구를 찾으러 갑시다.

■ Mari…로 권유를 받고서 동의하면, 그 대답은 Mari!라고 하면 된다.

Mari kita pergi makan di luar.　밖으로 식사하러 갑시다.
마리   키타   쁘르기   마칸   디 루아르

Mari.　　　　　　　　　　　　　예, 갑시다.
마리

Mari kita pergi memancing.　　낚시질하러 갑시다.
마리   키타   쁘르기   므만칭그

Mari　　　　　　　　　　　　　예, 가기로 합시다.
마리

Mari kita pergi menengok dia.　그를 문안갑시다.
마리   키타   쁘르기   므넹곡크   디아

Mari.　　　　　　　　　　　　　예, 가기로 합시다.
마리

Mari kita melihat pertandingan bola.
마리 키타 므리핫트 쁘르탄딩간 보라

축구 구경을 갑시다.

Mari.
마리

예, 갑시다.

6. 발리에는 한국인 관광객이 많습니다.

Di Bali banyak wisatawan Korea

BONGSU : Hai, Sdr. Anto, selamat pagi.
하이　사우다라 안토　스라맛트　빠기

ANTO : Hai, selamat pagi, Bong-Su Ssi.
하이　스라맛트　빠기　봉수　씨

BONGSU : Kenalkan. Ini kawan sekelas SMA
크나르칸　이니 카완　스크라스　에스엠에이

saya, Sdr. Uheon.
사야　사우다라 우현

UHEON : Nama saya Uheon kim. Selamat
나마　사야　우현　김　스라맛트

pagi.
빠기

BONGSU : Katanya Uheon akan pergi ke Bali
카타니야　우현　아칸　쁘르기　크 바리

bulan depan.
부란　데빤

ANTO : Oh begitu? Di Bali banyak wisatawan
오- 브기투　디 바리　바니약크　위사타완

Korea.
코리아

봉수 : 야, 안토군. 안녕하신가?
안토 : 야, 안녕하신가, 봉수군.
봉수 : 소개합니다. 이분이 나의 고교의 동급생인 우현군입니다.
우현 : 나의 이름은 김우현이올시다. 안녕하세요(아침).
봉수 : 우현군은 내달에 발리에 간다고 합니다.
안토 : 아아, 그렇습니까? 발리에는 한국인 관광객이 많습니다.

단어 노트

kawan 친구   sekelas 같은 학급의   SMA=Sekolah Menengah
Atas 고등학교   katanya   …인 모양이다. 말에 따르면
bulan depan 내월   begitu 그와 같은, 그와 같이
wisatawan 관광객, 여행객

★봉수씨가 「소개합니다, 고교의 동급생의 우현군입니다」라고 안토군의
친구인 우현군을 소개했다. kenalkan(소개하다)라는 말이다. 회화 중에
서는 이와 같이, 간결하게 한마디 말로 끝내는 경우가 많다.

Kenalkan, ini adik saya.
크나르칸　　　이니　아딕크　사야

　소개합니다. 이것은 나의 동생입니다.

Kenalkan, ini kawan saya.
크나르칸　　　이니　카완　　사야

　소개합니다. 이쪽은 나의 친구입니다.

Kenalkan, saya uheon.
크나르칸　　　사야　　우현

　잘 부탁합니다. 저는 우현입니다.

Kenalkan, nama saya Bongsu.
크나르칸　　　나마　사야　봉수

　잘 부탁합니다. 나의 이름은 봉수입니다.

Kenalkan, Anto.
크나르칸　　　안토

　잘 부탁합니다. 안토입니다.

Kenalkan, orang ini Sdr. Kim.
크나르칸　　　오랑그　이니　사우디라　킴

　소개합니다. 이분이 김군입니다.

Kenalkan, ia Bongsu Ree.
크나르칸　　　　이아 봉수　　　이

소개합니다. 그는 이봉수입니다.

「나는 ∼이다」로 자기 소개를 하는 것임으로, 「잘 부탁합니다」와 같은 뜻이 된다.

■ 친한 사이끼리 서로 말을 건네는 말은 회화문의 hai, 이외에도 halo 등이 있다.

Hai, Bongsu 하이　봉수	야, 봉수(군)
Halo, Bongsu 하로－　봉수	야, 봉수(군)
Hai, Uheon. 하이　우현	야, 우현(군)
Halo, Uheon. 하로－　봉수	야, 우현(군)
Hai, nona Yuna. 하이　노나　유나	야, 유나(양)
Halo, nona Yongja. 하로　노나　영자	야, 영자(양)

■ 동급생을 kawan sekelas라고 한다. se…란 말은, 「…을 함께 하다」라는 뜻이다.

Kawan sekelas 카완　스크리스	학급이 같은 친구, 동급생
Kawan sesekolah 카완　스스코라－	학교가 같은 친구, 동창생
Kawan sekantor 카완　스칸톨－	회사가 같은 친구, 회사의 동료

■ 발리에는 한국인 관광객 wisatawan Korea이 많다고 안토군이 말하고 있다. wisata는 여행이나 관광이란 말이지만, -wan이란 접미사가 붙어서, 「사람」을 나타내는 말이 된 것이다. 이것 외에도 이와 같은 예가 약간 있다.

bangsawan 방그사완	귀족	bangsa는 종족, 민속 방그사
hartawan 하르타완	부호	harta는 재산, 자산 하르타

usahawan 우사하완	실업가	usaha는 사업 우사하
karyawan 카르야완	직원	karya는 일 카르야
wartawan 와르타완	저널리스트	warta는 보도 와르타

■ -wan과 같이 -man이란 접미사가 있다.

| budiman
부디만 | 유덕 인사 | budi는 지혜, 덕
부디 |
| seniman
스니만 | 예술가 | seni는 예술
스니 |

■ 특히 여성을 나타내는 경우에는 -wati라는 접미사를 쓴다.

olahragawati 오라-라가와티	스포츠 우먼	olahraga는 스포츠 오라-라가
peragawati 쁘라가와티	패션 모델	peraga는 자랑해 보이는 사람 쁘라가
seniwati 스니와티	여류 예술가	seni는 예술 스니

Apakah ada banyak wisatawan Korea di Indonesia?

아빠카- 아다 바니약크 우이사타완 코리아 디 인도네시아

인도네시아에는 많은 한국인 관광객이 있습니까?

Ya, ada banyak.

야- 아다 바니약크

예, 많이 있습니다.

Yang paling banyak wisatawan Korea?

양그 뻐링그 바니약크 우이사타완 코리아

한국인 관광객이 가장 많습니까?

Bukan, yang paling banyak wisatawan Australia.

부칸 양그 뻐링그 바니약크 우이사타완 오-스트레일리아

아니오, 가장 많은 것은 오스트레일리아의 관광객입니다.

Di samping mereka, yang banyak wisatawan mana?

디 사므삥그 므레카 양그 바니약크 위사타완 마나

그들 외에 가장 많은 관광객은 어느 나라입니까?

Yang bertambah banyak sekarang, wisatawan
양그　　브르타므바－　　바니약크　　스카랑그　　위사타완

Korea dan Fomosa.
코리아　단　포모사

최근에 그 수가 늘어나고 있는 것은 한국과 대만의 관광객입니다.

Wisatawan Korea suka ke mana?
위사타완　　코리아　수카　크　마나

한국인 관광객은 어디로 가는 것을 좋아합니까?

Wisatawan Korea rupanya suka Bali dan Jawa
위사타완　　코리아　루뻬니야　수카　발리　단　자와

Tengah.
텐가－

한국인 관광객은 발리와 중부 자바를 좋아하는 것 같습니다.

Wisatawan asing di Korea rupanya suka Seoul,
위사타완　　아싱그　디　코리아　루빠니야　수카　서울

Jeaju dan Keongju.
제주　단　경주

한국에서의 외국인 관광객은 서울, 제주, 경주를 좋아하는 것 같습
니다.

Kakak dia peragawati yang ternama.
카칵크　디아　쁘라가와티　양그　테르나마

그의 누님은 유명한 패션 모델이다.

Tunangan dia olahragawati.
투나간　디아　오라－라가와티

그의 약혼자는 스포츠 우먼이다.

Ayah dia seniman dan ibu dia seniwati.
아야－　디아　스니만　단　이부　디아　스니와티

그의 아버지는 예술가이며, 그의 어머니는(여류) 예술가이다.

Paman dia wartawan.
빠만　디아　와르타완

그의 숙부는 저널리스트이다.

Tuan Yun usahawan yang ternama.
투안　윤　우사하완　양그　테르나마

윤씨는 저명한 실업가이다.

7. 김씨는 여행사에서 일하고 있습니다

Sdr. Kim bekerja di kantor pariwisata.

ANTO : Sdr. Bongsu saya mau tanya. Sdr.
사우다라 봉수　사야　마우　타니야　사우다라

Uheon sedang bekerja di mana?
우현　스당그　브크르자　디　마나

BONGSU : Sdr. Uheon bekerja di kantor
사우다라 우현　브크르자　디　칸톨－

pariwisata swasta.
빠리위사타　스와스타

ANTO : Apakah kantor Uheon-SSi mengurus
아빠카－　칸톨－　우현씨　뭉그우루스

wisatawan dalam negeri?
위사타완　다람　네그리

UHEON : Ya, memang. Mengurus dalam
야－　메망그　뭉그우루스　다람

negeri dan luar negeri, dua duanya.
네그리　단　루아르　네그리　두아　두아니야

안토 : 봉수씨, 묻겠습니다. 우현씨는 지금 어디서 일하고 있습니까?

봉수 : 우현씨는 민간 여행사에서 일하고 있습니다.

안토 : 우현씨의 회사는 국내(의 여행사) 업무를 취급합니까?

우현 : 네, 물론이죠. 국내와 해외의 양쪽을 취급합니다.

tanya 묻다   sedang 목하 ~하고 있다.   bekerja 일하다, 근무
하다.   kantor 사무실, 오피스   pariwisata swasta 민간의,
사립의   mengurus 취급하다, 처리하다.   wisatawan 여행자
memang 물론   dua-duanya 양쪽 다

■ bekerja di [브크르자 디] ~에서 일하고 있다.
「~에서 일하고 있다」로 회사의 업종이나 회사명, 거기에 장소명 등을
말할 때에는 bekerja di ~라고 한다.

Saya bekerja di perusahaan pariwisata
사야   브크르자   디 쁘루사하안   빠리위사타

나는 여행사에서 일하고 있다.

Saya bekerja di KAL.
사야   브크르자   디 칼

나는 대한항공에서 일하고 있다.

Saya bekerja di pasar induk kota.
사야   브크르자   디 빠살-   인둑크   코타

나는 시의 중앙 시장에서 일하고 있다.

Saya bekerja di shinsege.
사야   브크르자   디 신세계

나는 신세계에서 일하고 있다.

Ia bekerja di Myongdong.
이아 브크르자   디 명동

그는 명동에서 일하고 있다.

Ia bekerja di Los Angels.
이아 브크르자   디 로스 엔젤레스

그는 로스엔젤레스에서 일하고 있다.

Ia sedang bekerja di Jakarta.
이아 스당그   브크르자   디 자카르타

그는 지금 자카르타에서 일하고 있다.

Ia sedang bekerja di bank.
이아 스당그   브크르자   디 방크

그는 은행에서 일하고 있다.

■ belajar di [브라잘-디] ~에서 배우고 있다.

「~에서 배우고 있다」로 학교의 종별이나, 학교명 거기에 지명 등을 말할 때에 belajar ~라고 말한다.

Saya belajar di Universitas.
사야　브라잘-　디　유니벌시타스

나는 대학에서 공부하고 있다.

Saya belajar di Univ. Seoul.
사야　브라잘-　디　유니펠시타스 서울

나는 서울 대학에서 공부하고 있다.

Saya belajar di Akademi Bahasa.
사야　브라잘-　디　아카데미　바하사

나는 어학 초급대학에서 공부하고 있다.

Saya akan belajar di Indonesia.
사야　아칸　브라잘-　디　인도네시아

나는 인도네시아에서 공부할 예정이다.

Adik saya sedang belajar di SMA.
아디크　사야　스당그　브라잘-　디　에스엠아-

나의 동생은 지금 고등학교에서 공부하고 있다.

Ia ingin belajar di Amerika.
이아　인긴　브라잘-　디　아메리카

그는 미국에서 공부하고자 하고 있다.

Kakak saya pernah belajar di Hawai.
카칵크　사야　쁘르나-　브라잘-　디　하와이

나의 형은 하와이에서 공부한 적이 있다.

Ia dulu belajar di Kwangju.
이아　두-루　브라잘-　디　광주

그는 이전에 광주에서 공부했다.

★ kerja(일)이나 ajar(지식)도 명사이지만, 자동사의 역할을 부여하는 접미사 ber-의 변형인 be- 또는 bel-이 붙어서 「일하다」 공부하다는 동사가 된다. 어떤 특정한 음(문자)로 시작되는 말에 ber-이 붙을 때에는 ber-이 be- 또는 bel-로 변형하는 특수한 예이다.

■ ber-가 be-로 변형하는 예

원래의 어근이 r의 음으로 시작되거나, 최초의 음절이 er의 음을 가지고 있는 경우이며, 다음과 같은 것이 있다.

ber＋rupa	（형태） ＝	berupa 브루빠	형태를 하고 있다.
ber＋rambut	（모발） ＝	berambut 브람붓트	털이 있다.
ber＋renang	（헤엄） ＝	berenang 브르낭그	헤엄치다
ber＋kerja	（일） ＝	bekerja 브크르자	일하다, 작업하다
ber＋ternak	（목축） ＝	beternak 브테르나크	목축을 경영하다.
ber＋serta	（동반） ＝	beserta 브스르타	동반하다, 대동하다

■ ber-가 bel-로 변형하는 예
  원래의 어근이 ajar(지식)인 경우 뿐

ber＋ajar	（지식） ＝	belajar 브라잘-	배우다, 학습하다

■ 이러한 것 이외의 경우에는, 모두 ber-가 그대로 붙는다.

ber＋guna	（효용） ＝	berguna 브르구나	쓸모가 있다.
ber＋baring	（옆으로 눕）	berbaring 브르바링그	가로 놓여지다
ber＋jalan	（길） ＝	berjalan 브르자란	걷다, 나아가다
ber＋istri	（아내） ＝	beristri 브르리스트리	아내로 삼다
ber＋ladang	（밭） ＝	berladang 브르라당그	밭을 경작하다
ber＋janji	（약속） ＝	berjanji 브르잔지	약속하다

등이다.

■ 우현씨는 「예, 양쪽을 취급합니다」 mengurus dua duanya라고 말했다. dua duanya는 「2개다」이며, 「3개다」이면 tiga tiganya이다.

Mereka dua duanya puas sekali.
므레카　　　두아　　두이니야　　뿌아스　　스카리

그들 2명은 다 만족하고 있다.

Mereka dua duanya marah.
무레카　　　두아　　두아니야　　마라-

그들 2명은 다 화내고 있다.

Tiga tiganya tidak sependapat.
티가　　　티가니야　　　티닥크　　　스쁜다빧트

3명이 모두 의견이 일치하지 않는다.

Buah ini tiga tiganya belum masak.
부아-　　이니　티가　　티가니야　　브룸　　　마삭크

이 과실은 3개 다 덜 익었다.

■ 4개, 5개 이상이 되면 일반적으로는 「모두」「전부」라고 말한다.

Ada lima orang, semuanya laki-laki.
아다　　리마　　오랑그　　스무아니야　　라키　라키

5명이 있는데, 모두 남자이다.

Enam ekor kucing itu semuanya betina.
우남　　에콜-　쿠칭그　　이투　스무아니야　　브티나

그 6마리의 고양이는 모두 수컷이다.

접두사 ber- (bel-, be-)는 자동사를 만든다.

8. 동생은 뜰을 쓸고 있다.

Adik sedang menyapu halaman.

ANTO : Halo, Sini Ree-ssi? Minta bicara
하로-　시니　이　씨　민타　비차라

dengan Sdr. Bongsu, Ini Anto bicara.
덴간　사우다라 봉수　이니 안토　비차라

KAKAK : Betul ini Ree. Ini kakak. Adik
브툴-　이니 이　이니 카칵크　아딕크

sedang menyapu halaman.
스당그　므냐뿌　하라만

Saya panggilkan dia, tunggu
사야　빵기르칸　디아　둥구

sebentar.
스분타-르

ANTO : BaiK, terima kasih.
바이크　테리마　카시-

BONGSU : Halo, Bongsu bicara, bagaimana
하로,　봉수　비차라　바가이마라

Sdr. Anto?
사우다라 안토

안토 : 여보세요, 이씨입니까? 봉수님을 부탁합니다. 저는 안토올시
　　　　다.
봉수의 누님 : 예, 이 올시다. 나는 누님입니다. 동생은 뜰을 쓸고 있
　　　　　　　습니다. 불러 올테니 잠깐 기다리세요.
안토 : 예, 감사합니다.
봉수 : 예, 저는 봉수입니다. 안토씨, 어찌된 일인가요?

단어 노트 ────────────────────────────

sini　여기,(전화·편지에서는) 그쪽　　minta　부탁합니다, 주십시오.
bicara　말하다.　　betul　그렇습니다, 옳다　　kakak　누이, 또는 형
adik　누이동생, 또는 동생　　menyapu　쓸다　　halaman　뜰
panggilkan　불러주다　　tunggu　기다리다　　sebentar　잠깐
bagaimana　어떠한

■ 전화의 대화이다.
「그 쪽은~님 입니까」 sini Kojima-san?으로 묻고 있다. 정확히는
sini는 자기에게 가장 가까운 장소, 즉 「여기」인 셈이지만, 전화나 편
지 등에서 직접 상대방과 말을 주고 받을 때에는, 상대방의 장소를 가
리켜서 sini라고 말하는 경우가 많다. 전화를 받고 있는 사람, 편지를
읽고 있는 그 사람의 장소를 말할 때 쓴다. 그러나 이것을 situ 「거
기」라고 하는 사람도 있기 때문에 반드시 이래야만 된다고는 말할 수
없다. 다만, 대부분의 경우에는, 상대방의 장소를 일부러 sini라고 한
다.

접 두 사 me-

★ menyapu를 예로 삼아서 접두사 me-가 붙은 말을 학습해 보자.

menyapu halaman　뜰을 쓸다　　　　　　어근은sapu　　쓸다
프니아뿌

merebut kursi　　의자를 되찾다　　　　어근은rebut　　빼앗다
프레붓트　　쿠르시

mewakili ayah　　아버지를 대리한다　　어근은wakili　대리하다
프와키리　　아야-

memasak kari　　　카레를 요리한다　어근은masak　요리하다
프마삭크　　　카리 –

suka menyanyi 노래하기를 좋아한다　어근은nyanyi　노래, 노래하다
스카　　므나니

뒤에 이어지는 어근의 최초의 음에 의해서, 다음과 같이 me-가 변형한다.

■어근의 최초의 음이 a, i, u, e, o의 모음, 또는 g, h, kh, k로 시작되는 경우, me-는 meng-로 변형한다.

me＋ambil→mengambil　　손에 들다　　어근은ambil　손에 든다
므그암빌

me＋ikat→ mengikat　　매다　　어근은ikat　매다
므그이캇트

me＋ukur→ mengukur　　재다　　어근은ekor　꼬리
므그에우쿨 –

me＋obral→ mengobral　　싸게팔다　어근은obral　염가판매
므그오브랄 –

me＋gantung→menggantung 달아매다　어근은gantung 매어달다
므그간퉁그

me＋hina→menghina　　　모욕하다　어근은hina　비천한
므그히나

me＋khianat→mengkhianat 배반하다　어근은khianat 배반
므그히아나트

me＋kacau→ mengacau　　교란하다　어근은kacau　흩어지다
므그아차우

(이때 kacau의 k가 사라진다)

■어근의 최초음이 c, d, j, sy, z, t인 경우에는, me-는 men-으로 변형한다.

me＋cari→mencari　　　찾다　　어근은cari　찾다
므차리

me＋dorong→mendorong　밀다　　어근은dorong밀다
므도롱그

me＋jual→menjual　　　팔다　　어근은jual　팔다
므주알

me＋syaratkan→mensyaratkan 조건으로 삼다　어근은syarat 조건
므샤랏트칸

me＋ziarahi→menziarahi　참배하다　어근은ziarah 성묘
므지아타히

me＋tambah→menambah　　추가하다　어근은tambah　　추가

　　　　므나므바－

■어근의 최초음이 b, f, v, p의 경우에는, me-는 mem-으로 변형한다.
me＋baca→membaca　　읽다　　　　　　　　어근은baca

　　　　므므바차

me＋fitnah→memfitnah　중상모략을 하다　　어근은fitnah

　　　　므므피트나－

me＋veto→memveto　　거부권을 행사하다　어근은veto

　　　　므므페토－

me＋pukul→memukul　　치다　　　　　　　어근은pukul

　　　　므므쿨

(이때 pukul의 p가 사라진다)

■어근의 최초음이 s인 경우에는, me-는 meny-로 변형한다.(s는 사라진다)
me＋sapu→menyapu　　　쓸다　　　어근은sapu　　쓸다

　　　　므냐뿌

me＋sita→menyita　　　차압하다　어근은sita　　차압

　　　　므니타

me＋sangkal→menyangkal　부인하다　어근은sangkal　부인

　　　　므냥그칼

me＋sambung→menyambung　연결하다　어근은sambung 연결

　　　　므냠붕그

me＋susun→menyusun　　쌓다　　　어근은susun　　싸다

　　　　므뉴순

■일부의 조건을 제외하고, 접두사 me-가 붙은 타동사는, 직후에 동사의 목적어를 동반한다. 「～을……하다」라는 표현이다. 이 때에 me-의 몇가지 변화는, 너무 어렵게 생각하지 말고, 자주 쓰여지는 단어이며 자연히 익숙해질 수 있다.

jual　　　　→menjual rumah　　　　집을 팔다

주알　　　　문주알　　루마－

beli　　　　→membeli rumah　　　　집을 사다

브리　　　　므므브리　　루마－

tulis　　　→menulis surat　　　　편지를 쓰다

투리스　　　므누리스　　수랏트

cuci　　　　→mencuci piring　　　접시를 씻다

추치　　　　믄추치　　삐링그

ganggu 강구–	→mengganggu orang 믄강구–　　　오랑그	사람을 방해하다
pukul 뿌쿨	→memukul bola 므무쿨　　보라	볼을 치다
pancing 빤칭그	→memancing ikan 므만칭크　　이칸	고기를 낚다
kirim 키리므	→mengirim barang 믄그림　　바랑그	물건을 보내다
ambil 아므빌	→mengambil pulpen 믄가므빌　　뿌르뻰	만년필을 손에 잡다
nyanyi 내야니	→menyanyi lagu korea 므냐니　　라구　코리아	한국 노래를 부르다
larang 라랑그	→melarang mengimpor 므라랑그　　믄기므뽈–	수입을 금하다

9. 옥수수를 심습니다

Menanam jagung.

YUNA : Nona Tuti, itu foto siapa?
노나 투티 이투 포토 시아빠

TUTI : Ini foto keluarga saya di Indonesia. Ini
이니 포토 크루알가 사야 디 인도네시아 이니

ayah saya.
이야- 사야

YUNA : Ayah berbuat apa di kebun di dalam
아야- 브르부앗트 아빠 디 크분 디 다람

foto?
포토?

TUTI : Itu sedang menanam jagung.
이투 스당그 므나남 자궁그

YUNA : Hasil kebun akan diapakan?
하시르 그분 아칸 디아빠칸

TUTI : Itu sebagian dimakan sendiri. Sebagian
이투 스바기안 디마칸 슨디리 스바기안

dijual di pasar.
디주알 디 빠살-

유나 : 투티씨, 그것은 누구의 사진입니까?
투티 : 이것은 인도네시아에 있는 나의 가족 사진입니다. 이것이 나의
　　　 아버지올시다.
유나 : 아버지는 사진 속에서, 농장에서 무엇을 하고 있습니까?
투티 : 옥수수를 심고 계십니다.
유나 : 농장의 작물은 어떻게 처리됩니까?
투티 : 일부는 자신이 먹습니다. 일부는 시장에 내다 팝니다.

단어 노트 ──────────────────────────────────

keluarga　가족　　berbuat　~~을 하다　　kebun　농장
menanam　심다　　jagung　옥수수　　hasil　결과, 작물
diapakan?　어떻게 처리되느냐?　　sebagian　일부분
dimakan　먹히다　　dijual　팔리다　　pasar　시장

현재 진행형

★「…하고 있는 참이다」에 해당하는 표현은 sedang…(동사)로 된다.

Ia sedang menanam jagung.
이아　스당그　　므나남　　자궁그

그는 지금, 옥수수를 심고 있다.

Adik sedang tidur.
아딕크　스당그　　티둘-

동생은 지금, 잠자고 있습니다.

Ayah sedang pergi.
아야-　스당그　　쁘르기

아버지는 지금, 나가십니다.

Ibu sedang masak.
이부　스당그　　마삭크

어머니는 지금, 요리하십니다.

Kakak sedang belajar di kamar.
카각크　스당그　　브라잘-　디　카말-

누이는 방에서 공부하고 있습니다.

Negara itu sedang berkembang.
네가라   이투   스당그   브르큼방그

그 나라는 목하, 개발 도상에 있다.

Mobilnya sedang mogok.
모빌·니야   스당그   모고크

자동차는 지금, 고장이 나 있다.

Mereka sedang berunding.
므레카   스당그   브룬딩그

그들은 목하, 협의 중이다.

능동태와 수동태

★다음의 각 개의 한 쌍이 되어 있는 글을 읽어보기로 하자.

Paman menanam jagung.
빠만   므나남   자궁그

숙부는 옥수수를 심는다.

Jagung ditanam paman.
자궁그   디타남   빠만

옥수수는 숙부에 의해 심어진다.

Ibu menggoreng ikan.
이부   믄고렝그   이칸

어머니는 고기를 기름에 튀긴다.

Ikan digoreng ibu.
이칸   디고렝그   이부

고기는 어머니에 의해서 기름에 튀겨진다.

Bonsu membeli kamera dengan harga murah.
봉수   모므브리   카메라   덴간   하루가   무라─

봉수는 카메라를 싼 값으로 산다.

Kamera dibeli Bongsu dengan harga murah.
카메라   디브리   봉수   덴간   하르가   무라─

카메라는 봉수에게 싸게 매입된다.

Adik membawa anjing kecil.
아딕크   므므바와   안징그   크칠─

동생은 작은 개를 데리고 있다.

Anjing kecil dibawa adik.
안징그　크칠　디바와　아딕크

작은 개는 동생이 데리고 있다.

■ 제각기 어근에 me-가 붙은 형태가 능동태, di-가 붙은 형태가 수동태이다. 능동태의 문속의 타동사에 대한 목적어를 다시 문장 첫머리에 두어 바꿔 쓴 것이 수동태이다. 우리말로 옮기면, 타동사의 「…하다」가 「…으로 되다」가 된다.

Petani menjual beras.　　　농부는 쌀을 판다.
쁘타니　므주알　브라스

Beras dijual petani.　　　쌀은 농부에 의해서 팔려진다.
브라스　디주알　쁘타니

apa 의 파생어

apa　　　　　　　　무엇
아빠

apa · apa　　　　　무엇이건
아빠　아빠

tidak apa · apa　　아무렇지도 않다, 걱정마세요
티닥크　아빠　아빠

apa saja　　　　　설사 무엇이건
아빠　사자

apa lagi　　　　　하물며, 더구나
아빠　라기

apa boleh buat　　하는 수 없다, 체념하자
아빠　보레-　부앗트

berapa　　　　　　몇 개, 얼마
브라빠

kenapa(kena apa)　왜, 어찌하여
크나빠　크나　아빠

mengapa　　　　　왜, 어찌하여
픈가빠

mengapakan 어떻게하다, 무슨 일로 상대에게 시비를 걸다
문가빠칸

■ mengapakan의 수동태가 diapakan이다. 유나님이 투티님께 「농장의 작물은 어떻게 되는가요(수동형)?」라고 묻고 있다. 그 대답은,

Sebagian dimakan sendiri 일부는 자신에 의해 먹어진다.
스바기안　　　디미칸　　　순디리

Sebagian dijual di pasar 일부는 시장에서 팔려진다.
스바기안　　　디주알　　디　빠살－

였다.

berbuat와 membuat

★ 유나님이 투티님께 「사진 속에서 아버지는 농장에서 무엇을 하고 있어요」

Ayah berbuat apa di kebun di dalam foto?라고 묻고 있다.

■ 어느 것이나 buat 「부앗트」「물건을 만든다」「행위를 한다」가 어근이다.

▶**berbuat** (무엇인가를)하다, 하고 있다.
브루부앗트

Ia sedang berbuat apa?
이아　스당그　　브루부앗트　　아빠

그는 지금, 무엇을 하고 있습니까?

Jangan berbuat jahat.
장간　　브르부앗트　　자핫트

나쁜 짓을 해서는 안된다.

Kita harus selalu berbuat baik terhadap orang.
키타　하루－스　스라루－　브루부앗트　바이크　테르하닷쁘　오랑그

우리는 항상 남에 대해서 좋은 행위를 해야만 한다.

▶**membuat** (무엇인가를) 만든다.
므므부앗트

Ia sedang membuat apa?
이아　스당그　　　므므부앗트　　　　아빠
그는 지금, 무엇을 만들고 있습니까?

Ibu sedang membuat kue.
이부　　스당그　　　므므부앗트　　　쿠에
어머니는 지금, 과자를 만들고 있다.

Ayah membuat kandang kambing.
아야－　　므므부앗트　　　　칸당그　　　　캄빙그
아버지는 양의 집을 만들고 있다.

10. 가방을 들어드리겠어요
Saya bawakan tas itu.

ANTO : Sdr. Bongsu membawa tas besar,
사우다라 봉수　　무무바와　　타스　브살－

mau ke mana?
마우　　크　마나

BONGSU : Hai, Sdr. Anto. Saya mau pergi ke
하이　사우다라 안토　사야　마우　쁘르기　크

PUSAN dengan Kyungbu.
부산　　덴간　　경부선

ANTO : Mari saya bantu, saya bawakan tas
마리　사야　반투　사야　바와칸　타스

itu yang besar sampai pemberhentian
이투 양그　브살－　사무빠이　쁨불헨티안

bis.
비스

BONGSU : Yaah terima kasih Sdr. Anto. Ini
야－　테리마　카시－　사우다라 안토　이니

tidak begitu berat, saya bisa
티닥크　브기투　브랏트　사야　비사

bawa sendiri. Terima kasih.
바와　슨디리　테리마　카시－.

안토 : 봉수씨, 큰 가방을 가지고, 어디로 가십니까?
봉수 : 네, 안토씨, 나는 경부선으로 부산에 갑니다.
안토 : 도와드리지요. 내가 그 큰 가방을 버스 정류장까지 들어다 드
리겠어요.
봉수 : 네, 고맙소. 이것은 그다지 무겁지 않아요. 내 자신이 들수 있
어요. 고맙소.

단어 노트 ─────────────────────────────

membawa 나르다, 휴대하다   tas 가방   ke mana? 어디로?
mari ～자아,～하자   bantu 돕는다   bawakan 날라 주다
pemberhentian 정류장   sampai 까지   tidak beqitu ～그다지
～않다   sendiri （자기）자신

Saya bawakan tas itu (yang besar) sampai
사야   바와칸   타스 이투 양   브살－   삼빠이
pemberhentian bis.
쁨블렌티안   비스

버스 정류장까지 （큰）그 가방을 들어다 드리겠어요.
라고 안토씨가 봉수씨에게 말했다. 이 bawa와 bawakan의 용법을 공부
하기로 한다.

■ (mem) bawa와 (mem) bawakan

Saya membawa tas saya.
사야   믐바와   타스 사야

나는 자기 가방을 나른다

Saya membawakan tas anda.
사야   믐바와칸   타스 안다

나는 당신의 가방을 날라다 준다

Saya membawa barang ini.
사야   믐바와   바랑그   이니

나는 이 짐을 나른다

Saya membawakan barang itu.
사야   믐바와칸   비랑그   이투

나는 그 짐을 날라다 준다

Saya membawa anak saya ke taman.
사야　 뭄바와　　 아낙크　 사야　 크　 타만

나는 이 아이를 공원으로 데리고 간다.

Saya membawakan anak anda ke taman.
사야　 뭄바와칸　　 아낙크　 안다　 크　 타만

나는 당신의 아이를 공원으로 데려다 준다

접미사의 -kan의 역할의 하나에, 「남을 위해서…해주다」라는 것이 있다. membawa와 membawakan의 차이가 바로 그것이다. 다른 동사, 예를 들면 beli(사다)나 cari(찾다) 등에도 응용할 수 있는 용법이다.

■ pergi dengan ～과 datang dengan～

Saya pergi ke Pusan dengan Kyungbuseon.
사야　 쁘르기　 크　 부산　　 덴간　　 경부선

나는 경부선으로 부산에 간다.

Saya pergi ke jakarta dengan pesawat KAL.
사야　 쁘르기　 크　 자카르타　 덴간　　 쁘사왓트　　 칼

나는 대한항공의 비행기로 자카르타로 간다.

Anda dengan apa ke setasiun tiap pagi?
안다　 덴간　　 아빠　 크　 스타시운　　 티앗프　 빠기

당신은 매일 아침 무엇으로 역까지 갑니까?

Saya dengan sepeda ke setasiun tiap pagi.
사야　 덴간　　 스뻬다　 크　 스타시운　　 티앗프　 빠기

나는 자전거로, 매일 아침 역으로 간다.

Anda datang di sini dengan apa?
안다　 다땅그　 디　 시니　 덴간　　 아빠

당신은 여기에 무엇으로 왔습니까?

Saya datang di sini dengan taksi.
사야　 다땅그　 디　 시니　 덴간　　 타크시 －

나는 여기를 택시로 왔습니다.

Saya akan ke sana dengan mobil saya sendiri.
사야　 아칸　 크　 사나　 덴간　　 모빌 －　 사야　 슨디리

나는 거기에 승용차로 간다.

■ tidak begitu＋형용사

「그 정도까지는…않다」라고 할 때의 표현이다.

tidak begitu	besar	그다지 크지는 않다. 너무 크지는 않다	
티닥크	브기투	브살–	
tidak begitu	kecil	그다지 작지는 않다, 너무 작지는 않다	
	크칠–		
tidak begitu	luas	그다지 넓지는 않다, 너무 넓지는 않다	
	루아스		
tidak begitu	sempit	그다지 좁지는 않다, 너무 좁지는 않다	
	스므뻿트		
tidak begitu	enak	그다지 맛이 있지는 않다, 너무 맛이 있지는 않다	
	에낙크		
tidak begitu	manis	그다지 달지는 않다, 너무 달지는 않다	
	마닉스		
tidak begitu	asin	그다지 짜지는 않다, 너무 짜지는 않다	
	아신		
tidak begitu	asam	그다지 쓰지는 않다, 너무 쓰지는 않다	
	아삼		
tidak begitu	mahal	그다지 비싸지는 않다, 너무 비싸지는 않다	
	마하르		
tidak begitu	murah	그다지 싸지는 않다, 너무 싸지는 않다	
	무라–		
tidak begitu	baik	그다지 좋지는 않다, 너무 좋지는 않다.	
	바이크		
tidak begitu	jelek	그다지 나쁘지는 않다, 너무 나쁘지는 않다	
	즈렉크		
tidak begitu	bersih	그다지 깨끗하지는 않다, 너무 깨끗하지는 않다	
	브르시–		
tidak begitu	kotor	그다지 더럽지는 않다, 너무 더럽지는 않다	
	코톨		
tidak begitu	dingin	그다지 춥지는 않다, 너무 춥지는 않다	
	딩긴		
tidak begitu	panas	그다지 덥지는 않다, 너무 덥지는 않다	
	빠나스		
tidak begitu	terang	그다지 밝지는 않다, 너무 밝지는 않다	
	테랑그		

tidak begitu gelap 그랏프	그다지 어둡지는 않다, 너무 어둡지는 않다
tidak begitu tinggi 팅기 -	그다지 높지는 않다, 너무 높지는 않다
tidak begitu mewah 메와 -	그다지 호화롭지 않다, 너무 호화롭지는 않다
tidak begitu halus 하루스	그다지 가늘지 않다, 너무 가늘지는 않다
tidak begitu kasar 카살 -	그다지 거칠지 않다, 너무 거칠지는 않다
tidak begitu cepat 체빳트	그다지 빠르지 않다, 너무 빠르지는 않다
tidak begitu lambat 람밧트	그다지 늦지 않다, 너무 늦지는 않다
tidak begitu keras 크라스	그다지 단단하지는 않다, 너무 단단하지 않다
tidak begitu kuat 쿠앗트	그다지 강하지는 않다, 너무 강하지는 않다
tidak begitu pandai 빤다이	그다지 잘하지는 않다, 너무 잘하지는 않다
tidak begitu bodoh 보도 -	그다지 어리석지는 않다, 너무 어리석지는 않다

이런 것과 같이 「그다지…않다」라고 하는 경우에, tidak begitu…라고 한다. 봉수씨는 「자기 가방이 그다지 무겁지 않다」고 말했다.

Ini tidak begitu berat.
이니　티닥크　브기투　브랏트

일상 회화편의 정리

1. 여러분 안녕하세요

회화의 예문을 잘 읽고서, 여러 차례 소리를 내서 반복 연습해야만
한다.

■ 만났을 때의 인사와, 그 자리에서 헤어질 때의 인사는 같다. 인토네이
션에는 변화가 있게 하고, 만났을 때에는 약간 활발하고 분명한 말씨
로, 헤어질 때는, 천천히 여운을 남기도록 한다.

Selamat pagi	스라맛트·빠기	안녕하세요(아침 인사)
	스라맛트·빠기 −	그럼, 안녕히 가세요
Selamat siang	스라맛트·시앙그	안녕하세요(주간 인사)
	스라맛트·시앙−그	그럼, 안녕히 가세요
Selamat sore	스라맛트·소레	안녕하세요(저녁 인사)
	스라맛트·소레 −	그럼, 안녕히 가세요
Selamat malam	스라맛트·마람	안녕하세요(밤 인사)
	스라맛트·마라−므	그럼, 안녕히 가세요

ini	이 사람	orang ini
itu	그 사람	orang itu
itu	저 사람	orang itu
mana	어떤 사람?	orang mana?

■ 인칭 대명사

1인칭	단수	**saya**
		aku
	복수	**kami**
		kita
2인칭	단수	**anda**
		kamu
		saudara
		saudari
	복수	**kamu**
		sekalian
3인칭	단수	**ia, dia**
	복수	**mereka**

2. 인도네시아는 덥습니까?

회화의 예문을 정독하고, 거듭 소리를 내서 연습하길 바란다.
의문문의 첫머리에 apakah…「…입니까?」
글 전체의 부정은   bukan
명사의 부정도   bukan
동사나 형용사의 부정은   tidak
형용사의 비교급은   lebih…
형용사의 최상급은   paling… 또는 ter…

3. 아침에는 몇 시에 일어납니까?

회화의 예문을 정독하여, 거듭 소리를 내서 연습하길 바란다.
■ 수 사

1	satu	2	dua
3	tiga	4	empat
5	lima	6	enam
7	tujuh	8	delapan
9	sembilan	10	sepuluh
11	sebelas	12	dua belas

13	tiga belas	14	empat belas
15	lima belas	16	enam belas
17	tujuh belas	18	delapan belas
19	sembilan belas	20	dua puluh

10	sepuluh	20	dua puluh
30	tiga puluh	40	empat puluh
50	lima puluh	60	enam puluh
70	tujuh puluh	80	delapan puluh
90	sembilan puluh	100	seratus

1.000	seribu	10.000	sepuluh ribu
100.000	seratus ribu	1.000.000	sejuta

제 몇 번째 등의 순서를 나타낼 때에는, 숫자의 머리에 접두사의 ke 가 붙는다.

kesatu	ke-1	1 번째의
kedua	ke-2	2 번째의
ketiga	ke-3	3 번째의
keempat	ke-4	4 번째의
kelima	ke-5	5 번째의
keenam	ke-6	6 번째의
ketujuh	ke-7	7 번째의
kedelapan	ke-8	8 번째의
kesembilan	ke-9	9 번째의
kesepuluh	ke-10	10 번째의

4. 안경을 삽니다.

회화의 예문을 정독하고, 거듭 소리내서 연습하길 바란다.

■ 「~로 가다」 pergi ke~의 pergi를 생략해 버리고, ke~만으로 쓰는 경우가 많다.

ke sekolah

ke kantor

ke Indonesia

ke mana?

■ 동사에 접미사 -kan이 붙어서, 「남을 위해서…해주다」예:

cari	찾다	bayar	지불하다
carikan	찾아 주다	bayarkan	지불해 주다
beli	사다	kirim	보내다
belikan	사서(갖다)주다	kirimkan	보내 주다
jual	팔다	tulis	쓰다
jualkan	팔아 주다	tuliskan	써 주다
buat	만들다	terima	받아
buatkan	만들어 주다	terimakan	받아서 주다
bawa	나르다	bangun	잠깨다, 일어나다
bawakan	날라 주다	bangunkan	깨우다
baca	읽다	bacakan	읽어 주다
nyanyi	노래하다	nyanyikan	노래 불러 주다

■ 부탁하는 일에는 OK, 알았습니다, 좋습니다로, 응답할 때의 말은 다음과 같은 것들이 있다.

Baik.	좋습니다.
Baiklah.	좋고 말고요.
Boleh.	괜찮습니다.
Bolehlah.	괜찮고 말고요.
kenapa tidak?	왜 안되는 일이 있겠습니까?

5. 매운 것을 좋아합니까?

■ 회화의 예문을 잘 읽고, 이것을 거듭 소리내서 연습할 것.

맛있는 것	yang enak	맛이 없는 것	yang tidak enak
큰 것	yang besar	크지 않은 것	yang tidak besar
작은 것	yang kecil	작지 않은 것	yang tidak kecil
단 것	yang manis	달지 않는 것	yang tidak manis
값이 비싼 것	yang mahal	비싸지 않은 것	yang tidak mahal
값이 싼 것	yang murah	싸지 않은 것	yang tidak murah
뜨거운 것	yang panas	뜨겁지 않은 것	yang tidak panas

찬 것	yang dingin	차갑지 않은 것	yang tidak dingin
긴 것	yang panjang	길지 않은 것	yang tidak panjang
짧은 것	yang pendek	짧지 않은 것	yang tidak pendek

■ Mari kita pergi ke⋯   함께⋯하러 갑시다.
Mari kita makan.   자아, 먹읍시다.
Mari kita minum.   자아, 마십시다.
Mari kita jalan.   자아, 나아갑시다.

6. 발리에는 한국인 관광객이 많습니다

회화의 예문을 정독하고, 여러 차례 소리를 내서 연습할 것.

kenalkan,⋯⋯⋯⋯⋯	소개합니다, ⋯⋯
kenalkan, nama saya ⋯⋯	소개합니다, 나의 이름은⋯⋯
kenalkan, saya ⋯⋯	소개합니다, 나는⋯⋯
kenalkan, ini Sdr ⋯⋯	소개합니다, 이쪽은⋯⋯
kenalkan orang ini Sdr.	소개합니다, 이분은⋯⋯

■「사람」을 나타내는 접미사 -wan, -man, -wati

bangsawan	귀족	budiman	덕망가
hartawan	부호	seniman	예술가
usahawan	실업가, 경영자	seniwati	여류 예술가
karyawan	직원	peragawati	패션 모델
wartawan	저널리스트	olahragawati	스포츠 우먼

7. 김씨는 여행사에서 일하고 있습니다

회화의 예문을 정확히 파악하고, 이를 거듭 소리를 내서 반복할 것.

| bekerja di⋯⋯ | ⋯⋯에서 일하고 있습니다 |
| belajar di⋯⋯ | ⋯⋯에서 공부하고 있습니다 |

■ 동사를 만드는 접두사 ber-의 변형

① 이근이 r로 시작되기나, 제1음절에 er의 음이 있는 경우에, be 로 된다.

| rupa | ← | berupa | 형태를 지니고 있다 |

rambut	←	berambut	머리털이 있다, 머리털을 가지고 있다
renang	←	berenang	헤엄치다
kerja	←	bekerja	일하다, 작업하다
ternak	←	beternak	목축을 경영한다
serta	←	beserta	동반하다, 대동하다

② 어근이 ajar(지식)인 경우에는, bel-로 된다.

| ajar | ← | belajar | 배우다, 학습하다 |

③ 위의 것 이외의 경우에는, 모두 ber-이 그대로 붙는다.

guna	←	berguna	쓸모가 있다
baring	←	berbaring	길게 눕다
jalan	←	berjalan	걷다, 나아가다
istri	←	beristri	아내로 삼다
ladang	←	berladang	밭을 경작하다
janji	←	berjanji	약속하다

8. 동생은 뜰을 쓸고 있습니다

회화의 예문을 잘 읽고 나서, 여러 차례 소리 내서 연습할 것.

■ 접두사 me-의 변형

me의 변형	어근의 최초의 음(문자)
me	**l, m, n, ng, ny, r, w, y**
mem	**b, p**
men	**c, d, j,(t)**
meng	**a, i, u, e, o, g, h, (k), kh**
meny	**(s)**

9. 옥수수를 심습니다

회화의 예문을 정확히 파악하고, 이를 거듭 소리내서 연습할 것.
「현재…하고 있습니다」는 sedang…

■ 능동형과 수동형

Ibu menggoreng ikan.　　　　어머니는 생선을 튀긴다.
Ikan digoreng ibu. 생선을 어머니는 튀긴다→생선은 어머니에 의
　　　　　　　　　　　　　　　　　　해서 튀겨진다.

berbuat （동작이나 행위를 한다）와 membuat （물건을 만든다）

10. 가방을 들어 드리겠어요

회화의 예문을 잘 익히고 나서, 거듭 소리를 내서 연습할 것.

■ (mem)bawa (mem)bawakan

Saya membawa tas saya.　　　　나는 자기의 가방을 나른다.
Saya membawakan tas anda.　　　나는 당신의 가방을 날라준다.

■ pergi dengan~（~으로）가다, 와 datang dengan~（~으로）오다

Saya pergi ke Pusan dengan Kyungbuseon.
Anda datang di sini dengan apa?
Saya akan ke sana dengan mobil saya sendiri.

■ 「너무나…하지 않다」「그다지…않다」는 tidak begitu…

tidak begitu besar　　　그다지 크지는 않다
tidak begitu kecil　　　그다지 작지는 않다
tidak begitu luas　　　그다지 넓지는 않다
tidak begitu sempit　　그다지 좁지는 않다
tidak begitu enak　　　그다지 맛이 있지는 않다
tidak begitu baik　　　그다지 좋지는 않다
tidak begitu jelek　　　그다지 나쁘지는 않다
tidak begitu mahal　　　그다지 （값이）비싸지는 않다
tidak begitu murah　　　그다지 （값이）싸지는 않다
tidak begitu panas　　　그다지 뜨겁지는 않다, 그다지 덥지는 않다
tidak begitu dingin　　　그다지 차지는 않다, 그다지 춥지는 않다
tidak begitu cepat　　　그다지 빠르지는 않다
tidak begitu pandai　　　그다지 잘하지는 않는다

제 3 장

상투어편

1 어떻습니까

★우리 말로 「어떻습니까」라고 할 때, 인도네시아어로는 어떻게 표현하는지. 여기서는 「어떻습니까」의 의미에 따라서, 몇 가지의 인도네시아어의 표현을 학습하기로 한다.

★ 안녕하십니까? ■■■■■■■■■■■■■■■■■■■■■
———————————————————— Apa kabar? ★

■회화나 편지의 인사에 반드시 쓰여지는 상투어구이다. kabar(알림, 소식)은 「어떻습니까?」라고 물을 때에 쓴다. 이것에 대해서, 「예, 건강합니다」는
　Kabar baik. 또는 Baik. 라고.
　또, （물어주셔서） 대단히 감사합니다 라는 기분을 포함시켜서, Terima kasih, kabar baik. 라고도 한다.

★ 담배는 어떻습니까? ■■■■■■■■■■■■■■■■■■■
———————————————— Bagaimana rokok ini? ★

■먹을 것이나 음료수를 권할 때에도, 「어떻습니까?」라고 한다. 또는 「담배는 어떻습니까?」라고 묻기도 한다. 다른 것을 권해 보기로 한다.

Bagaimana kue ini?　　　　이 과자는 어떻습니까?
바가이마나　쿠에　이니

Bagaimana kopi?　　　　이 커피는 어떻습니까?
바가이마나　코삐

Bagaimana permin ini?　　　　이 캔디는 어떻습니까?
바가이마나　쁘르민　이니

■「드시겠습니까?」「마시겠습니까?」라고 하는 표현도 있다.

Mau makan kue ini?　　　　이 과자를 드시겠습니까? 어떻습니까?
마우　마칸　쿠에　이니

Mau minum kopi?
마우　미눔　코삐

커피를 마시겠습니까? 어떻습니까?

Mau makan permin ini?
마우　마칸　쁘르민　이니

이 캔디를 먹겠습니까? 어떻습니까?

■「좋아하십니까?」라는 표현도 한다.

Suka makan kue ini?
수카　마칸　쿠에　이니

이 과자를 드시기를 좋아하십니까?
이 과자는 어떻습니까?

Suka minum kopi?
수카　미눔　코삐

커피를 마시기를 좋아하십니까?
커피는 어떻습니까?

Suka ambil permin?
수카　암빌　쁘르민

캔디를 드시는 것을 좋아하십니까?
캔디는 어떻습니까?

Suka pakai pensil ini?
수카　빠까이　뻰실　이니

이 연필로 쓰는 것을 좋아하십니까?
이 연필은 어떻습니까?

★ 해안에서 산보라도 하면 어떻습니까? ■■■■■■■■
—— Bagaimana jalan-jalan di pantai? ★

■먹는 것과 마시는 것은 아니지만, 어떤 행위를 권하는 일이 있다.
「어떻습니까?(어떻게 생각하십니까?)」라는 질문 방법이다.

Bagaimana kita main golf besok?
바가이마나　키타　마인　골프　베속크

내일 골프는 어떻습니까?

Bagaimana pergi makan bersama?
바가이마나　쁘르기　마칸　브르사마

함께 식사는 어떻습니까?

Bagaimana dengan mobil saya ke stasiun?
바가이마나　뎅간　모빌　사야　크　스타시운

역까지 나의 차로 어떻습니까?

★ 내일이면 어떻습니까? ■■■■■■■■■■■■■
—— Bagaimana kalau besok? ★

■만약에 내일이면 어떻습니까? 라고 묻는다.

Bagaimana kalau hari lusa?
바가이마나　카라우　하리　루사

모레는 어떻습니까?

Bagaimana kalau minggu depan? 내주에는 어떻습니까?
바가이마나　　카라우　　민구－　　데빤

Bagaimana kalau bulan depan? 내월에는 어떻습니까?
바가이마나　　카라우　　부란　　데빤

Bagaimana kalau nanti sore? 오늘 저녁은 어떻습니까?
바가이마나　　카라우　　난티　　소레

Bagaimana kalau nanti malam? 오늘밤은 어떻습니까?
바가이마나　　카라우　　난티　　마람

Bagaimana kalau nanti jam tujuh? 이 다음의 7시는 어떻습니까?
바가이마나　　카라우　　난티　　잠　　투주－

★ 저의 집이면 어떻습니까? ■■■■■■■■■■■■■■■■
———————— *Bagaimana di rumah saya?* ★

■ 장소를 제시하여, 상대방의 형편을 묻고 있다.

Bagaimana di lobi hotel? 호텔의 로비에서는 어떻습니까?
바가이마나　　디　로비－　호텔

Bagaimana ketemu di sekolah? 학교에서 만나면 어떻습니까?
바가이마나　　크테무　　디　스코라－

★ 가르－다 항공이면 어떻습니까? ■■■■■■■■■■■■■
———————— *Bagaimana dengan pesawat Garuda?* ★

■ 탈 것이나 시설물을 제시한다.

Bagaimana dengan pesawat KAL?
바가이마나　　덴간　　쁘사왓트　　칼

　　　　　　　　　　대한항공(의 비행기)은 어떻습니까?

Bagaimana dengan pesawat malam?
바가이마나　　덴간　　쁘사왓트　　마람

　　　　　　　　　　심야의 비행은 어떻습니까?

Bagaimana dengan subway?
바가이마나　　덴간　　사브웨이

　　　　　　　　　　지하철은 어떻습니까?

Bagaimana dengan bis highway?
바가이마나　　덴간　　비스　하이웨이

　　　　　　　　　　고속버스는 어떻습니까?

Bagaimana dengan Hotel President?
바가이마나　　덴간　　호텔　　쁘레지덴트

　　　　　　　　　　프레지던트 호텔은 어떻습니까?

Bagaimana dengan Hotel Borobudur?
바가이마나 덴간 호텔 보로부둘ー

보로부돌 호텔은 어떻습니까?

어떻습니까? 알았습니까? **Bagaimana? Mengerti?**

2 부탁합니다

★우리 말로 「부탁합니다」라고 말할 때에, 인도네시아어의 표현은 1종류 밖에 없다. 원래의 우리 말의 뜻을 충분히 전하는, 각개의 표현이 있기 때문이다.

★안토씨를 부탁합니다. ■■■■■■■■■■■■■■■
──────── *Minta bicara dengan Sdr. Anto.* ★

■ 전화를 걸었더니 다른 사람이 나왔다. 「안토씨와 이야기 시켜주세요.」라고 말하는 경우이다.

Minta bicara dengan Bapak Yun.
민타 비차라 덴간 바빠크 윤

윤씨를 부탁합니다.

Minta bicara dengan Ibu Hartati.
민타 비차라 덴간 이부 하르타티

하르타티씨를 부탁합니다.

Minta bicara dengan Nona Yuna.
민타 비차라 덴간 노나 유나

유나님을 부탁합니다.

■ 교환수가 나왔기 때문에, 「…으로 연결해 주세요」라고 말한다. 「부탁합니다」라고도 쓴다.

Minta sambung dengan Bapak Yun.
민타 삼붕그 덴간 바빠크 윤

윤씨를 부탁합니다.

Minta sambung dengan Ibu Hartati.
민타   삼붕그   뎅간   이부 하르타티

하르타티씨를 부탁합니다.

Minta sambung dengan Nona Yuna.
민타   삼붕그   뎅간   노나   유나

유나님을 부탁합니다.

Minta sambung dengan nomer   4538.
민타   삼붕그   뎅간   노물   움밧트 리마 티가 데라빤

4538번을 부탁합니다.

Minta sambung dengan pesawat   4538.
민타   삼붕그   뎅간   쁘사왓트   움밧트 리마 티가 데라빤

내선 4538번을 부탁합니다.

★ 독방을 부탁합니다. ■■■■■■■■■■■■■■■■
Minta kamar single bed. ★

■ 방이나 좌석 등, 시설의 제공을 「부탁합니다」라고 말할 때에는 Minta 뒤에, 바라는 것(장소, 자리, 방 등)을 말한다.

Minta kursi sebelah gang.
민타   쿠르시   스브라-   강그

Minta kursi sebelah jendela.   창가의 자리를 부탁합니다.
민타   쿠르시   스브라-   젠데라

Minta kursi bagian depan.   앞쪽의 자리를 부탁합니다.
민타   쿠르시   바기안   데빤

Minta tempat bagian belakang.   뒷쪽의 장소를 부탁합니다.
민타   템빳트   바기안   브라캉그

Minta meja sebelah jalan.   도로 쪽의 테이블을 부탁합니다.
민타   메자   스브라-   자란

Minta meja tidak merokok.   금연 테이블을 부탁합니다.
민타   메자   티닥크   므로콕크

Minta meja boleh merokok.   흡연 테이블을 부탁합니다.
민타   메자   보레-   므로콕크

Minta tiket kelas satu.   1등석의 표를 부탁합니다.
민타   티켓트   크라스   사투

Minta kamar sebelah pantai.   해안 쪽의 방을 부탁합니다.
민타   카말   스브라-   빤타이

Minta kamar twin bed.   트윈 베드의 방을 부탁합니다.
민타   카말-   트윈   벳트

★ 나시고렌을 부탁합니다. ■■■■■■■■■■■■■■■

──────────────────── *Minta nasi goreng.* ★

■ 먹을 것이나 마실 것, 기타의 상품을 주문하면서 「부탁합니다」고 말할때도 Minta를 쓴다.

Minta nasi goreng dua porsi. 민타　나시　고렝그　두아　뿌르시	나시고렌을 2개 부탁합니다.
Minta bir dua. 민타　빌－　두아	맥주 2병을 부탁합니다.
Minta itu. 민타　이투	저것을 부탁합니다.
Minta ini saja. 민타　이니　사자	이것을 부탁합니다.(이것이면 좋아요)
Minta sapu tangan itu. 민타　사뿌　당근　이투	그 손수건을 부탁합니다.
Minta kemeja itu. 민타　크메자　이투	그 샤쓰를 부탁합니다.
Minta buku ini. 민타　부쿠　이니	이 책을 부탁합니다.
Minta kain batik ini. 민타　카인　비틱크　이니	이 바틱천을 부탁합니다.
Minta pisang goreng untuk saya. 민타　삐상그　고렝그　운툭크　사야	나에게 튀긴 바나나를 부탁합니다.
Minta kopi lima. 민타　코삐　리마	커피를 5잔 부탁합니다.
Minta sari buah tiga. 민타　사리　부아－　티가	프루츠 주스를 3잔 부탁합니다.
Minta ayam panggang. 민타　아얌　빤강그	튀긴 닭을 부탁합니다.
Minta hamburger empat. 민타　함부르가－　음빳트	햄버거 4개를 부탁합니다.
Minta sate Madura. 민타　사타　마두라	마두라식 꼬치구이를 부탁합니다.
Minta soto ayam. 민타　소토　아얌	소토 아얌을 부탁합니다.

★ 항공 편으로 부탁합니다. ■■■■■■■■■■■■■■

──────────────────── *Minta dengan pos udara.* ★

■ 방법이나 수단을 지정하여, 「부탁합니다」라고 말할 때에도 Minta라고 한다.

| Minta dengan pos laut. | 선편으로 부탁합니다. |
| 민타 뎅간 뽀스 라우트 | |

| Minta dengan ekspres. | 속달편으로 부탁합니다. |
| 민타 뎅간 에크스쁘레스 | |

| Minta dengan surat tercatat | 등기편으로 부탁합니다. |
| 민타 뎅간 수랏트 테르차탓트 | |

| Minta dengan pos paket. | 소포로 부탁합니다. |
| 민타 뎅간 뽀스 빠켓트 | |

| Minta dengan cepat. | 급히 부탁합니다. |
| 민타 뎅간 츠빳트 | |

| Minta dengan cepat-cepat | 지급으로 부탁합니다. |
| 민타 뎅간 츠빳트 츠빳트 | |

| Minta dengan hati-hati. | 신중히 부탁합니다. |
| 민타 뎅간 하티 하티 | |

| Minta dengan pelan-pelan. | 천천히 부탁합니다. |
| 민타 뎅간 쁘란 쁘란 | |

| Minta dengan kartu kredit. | 신용카드로 부탁합니다. |
| 민타 뎅간 카르투 크레딧트 | |

| Minta dengan kartu AMEX. | AMEX카드로 부탁합니다. |
| 민타 뎅간 카르투 아멕스 | |

| Minta dengan suara keras. | 강한(큰) 소리로 부탁합니다. |
| 민타 뎅간 수아라 크라스 | |

| Minta dengan suara yang jelas. | 명확한 소리로 부탁합니다. |
| 민타 뎅간 수아라 양그 즈라스 | |

| Minta dengan tenang. | 조용히 부탁합니다. |
| 민타 뎅간 테낭그 | |

3 해 주 세 요

★ 우리말로 「(해)주세요」라고 말하는 것은 어떤 때일까? 먼저 물건을 살 때, 물품이나 상품의 명칭을 말하고 「주세요」라고 말한다. 앞에 나온 「2. 부탁합니다」의 내용과 같으므로 minta...

★ 엽서를 10장 주세요 ■■■■■■■■■■■■■■■■■■
— *Minta kartu pos sepuluh.* ★

Minta film itu.
민타 피름 이투
이 필름을 주세요.

Minta tiket Seoul pulang pergi.
민타 티켓트 서울 쁘랑그 쁘르기
서울행 왕복 차표를 주세요.

Minta yang besar.
민타 양그 브살-
큰 것을 주세요.

Minta wiski soda.
민타 위스키- 소-다
위스키에 물 탄 것을 주세요.

Minta gelang itu.
민타 그랑그 이투
그 브레스렛트를 주세요.

Minta patung Bali itu.
민타 빠퉁그 바리- 이투
이 바리의 나무로 조각한 상(像)을 주세요.

Minta lukisan Bali itu.
민타 루키산 바리 이투
이 바리의 그림을 주세요.

Minta kopi Tim-Tim.(Timor Timur)
민타 코삐 팀 팀 티몰- 티몰-
티몰의 커피를 주세요.

Minta beras Cianjur.
민타 브라스 치안줄-
치안줄 산의 쌀을 주세요.

Minta bungkusan indofood.
민타 붕그쿠산 인도후-드
인도후드사(社)의 식품백을 주세요.

★ 메뉴를 보여 주세요 ■■■■■■■■■■■■■■■■■■
— *Minta lihat menu.* ★

■ 메뉴를(내가) 보는 것을 허락해 주세요, 라고 말할 때의 표현이다.
보는(lihat)것은 「나」이다. Minta.....(동사)

Minta lihat ini boleh?
민타 리핫트 이니 보렛-
이것을 보여주시겠어요?

Minta pulang dulu.
민타 쁘랑그 두-루-
먼저 돌아가게 해주세요.

Minta permisi dulu.
민타 쁘르미시 두-루-
먼저 실례하겠습니다.

────────────────────────────── *Minta tunggu dulu.* ★

■ 기다려 주세요라고 말하는 것이므로 기다리다(tunggu)는 것은 「상대방」이다. Minta.....(동사)

Minta datang di sini.
민타 다당그 디 시니
여기로 와 주세요.

Minta bungkus ini.
민타 붕쿠스 이니
이것을 포장해 주세요.

Minta makan ini.
민타 마칸 이니
이것을 먹어주세요.

Minta berhenti di sini.
민타 브르한티 디 시니
여기서 멈춰주세요.

Minta nyanyikan lagu ini.
민타 니야니칸 라구 이니
이 노래를 불러주세요.

Minta masakkan saya bubur.
민타 마삭크간 사야 부불
나에게 죽을 쒀주세요.

Minta ceritakan kejadiannya.
민타 츠리타칸 크자디안니야
사건을 이야기해 주세요.

■ Minta... (동사) 대신에 Tolong... (동사), Coba...(동사)도 있다. Coba... 쪽이 약간 가벼운 음조이다.

Tolong bawakan barang itu.
토롱그 바와칸 바랑그 이투
이 물건을 날라 주세요.

Tolong tukarkan ini rupiah.
토롱그 투카르칸 이니 루삐아-
이것을 루비아로 바꿔주세요.

Tolong buatkan saya fotokopi.
토롱그 부앗트칸 사야 포토코삐-

나에게 카피(복사물)를 가져다 주세요.

Tolong poskan surat ini.
토롱그 뽀스칸 수랏트 이니
이 편지를 우체통에 넣어주세요.

Coba minum ini.
초바 미눔 이니
이것을 마셔보렴.

Coba datang di sini.
초바 다탕그 디 시니
이리와 보렴.

Coba panggilkan saya taksi.
초바 빵기르칸 사야 타크시-
나에게 택시를 불러주세요.

■ Minta의 특수한 용법

minta banyak korban.	많은 희생자를 낸다.
minta ampun	실례합니다.
minta jalan	지나가게 해주세요.
minta berhenti	사직하다.
minta diri	인사하고 떠난다.
minta janji	이행의 여유를 바란다.
minta maaf	미안합니다.
minta nyawa	목숨을 살려달라고 한다.
minta aman	구명한다.
minta-minta	구걸한다.
peminta-minta	구걸, 거지

■ Minta…의 뒤는, 「명사」 또는 「동사」 (minta는 「~을 요청한다, ~을 요구한다」라는 뜻의 「동사」이기 때문이다.)

■ Tolong…의 뒤는, 「동사」 뿐 (tolong는 「~하는 것을 돕는다, 조력한다」라는 「동사」이지만, 뒤의 동사에 대해서는 「부사」의 역할을 하기 때문이다.)

■ Coba…의 뒤로 「동사」 뿐 (coba는 「~하는 것을 시도하다, 해보다」라는 「동사」임으로, 뒤의 동사에 대해서는 「부사」의 역할을 하기 때문이다.)

4 미안합니다

★우리는 평소에, 우리말의 「미안합니다」를 「실례합니다」라고 말할 때, 「저어 잠깐」이라고 말을 걸때, 그리고 또 「고맙소」라고 감사할 때에도 쓰고 있다. 그것들을 인도네시아어로는 어떻게 표현하는가를 학습하기로 한다.

★ 늦게 와서 미안합니다. ■■■■■■■■■■■■■■■■■
— Maaf, saya terlambat. ★

■ Minta maaf.(용서를 청한다)에서 maaf가 독립되어서 쓰여지게 되었다. 「미안합니다」만으로 사과하는 것이 된다.

Maaf, saya mengganggu.   방해가 되어 실례했습니다.
마아아프   사야   믄강그-

Maaf, sudah lama tidak kirim surat.
마아아프   수다-   라마   티닥크   키림   수랏트

                               오랫동안 소식이 막혔습니다.

Maaf, terlambat membalas surat.
마아아프   테르람밧트   므므바라스   수랏트

                               답이 늦어서 죄송합니다.

Maaf, tidak bisa bantu anda.   도움이 되지 못해서 죄송합니다.
마아아프   티닥크   비사   반투   안다

Maaf, bicare telepon lama.   전화가 길어서 죄송합니다.
마아아프   비차라   테레뿐   라마

Maaf, kemarin tidak masuk.
마아아프   크마린   티닥크   마숙크

                               어제 회사에 나가지 못해서 죄송합니다.

Maaf, besok tidak bisa ikut.   내일 함께 가지 못해서 죄송합니다.
마아아프   브속크   티닥크   비사   이쿳트

■그것들은, 다시 정중히 표현하면, karena~(~임으로)가 첨가된다.

Maaf, karena saya mengganggu.
마아아프 카르나   사야   믄강그-

Maaf, karena sudah lama tidak kirim surat.
마아아프 카르나   수다-   라마   티닥크   키림   수랏트

Maaf, karena terlambat membalas surat.
마아아프 카르나   테르람밧트   믐바라스   수랏트

Maaf, karena tidak bisa bantu anda.
마아아프 카르나   티닥크   비사   반투   안다

Maaf, karena bicara telepon lama.
마아아프 카르나   비차라   테레뽄   라마

Maaf, karena kemarin tidak masuk.
마아아프 카르나   크마린   티닥크   마죽크

Maaf, karena besok tidak bisa ikut.
마아아프 카르나   브속크   티닥크   비사   이쿳트

★ 미안합니다, 실례합니다. ■■■■■■■■■■■■■■■
Maaf, saya mengganggu. ★

■「폐를 끼쳐서」라고 가볍게 사과하면서 말을 거는 말도 maaf이다. 이
때에는 어떤 사항을 깊이 사과하는 표현은 없기 때문에 「~임으로」라
는 karena는 필요치 않다. 또 maaf...로 단숨에 말한다.

Maaf, saya mengganggu.　　　　　미안합니다, 잠깐 실례합니다.
마아아프 사야   믄강그-

Maaf, saya mau tanya.　　　　　　미안합니다. 묻고자합니다.
마아아프 사야   마우   타니아

Maaf, ini adik Sdr. Anto?　　　　실례합니다. 안토군의 아우님이죠?
마아아프 이니 아딕크   사우다라 안토

Maaf, kereta ini jurusan Pusan?　실례합니다. 이것은 부산행입니까?
마아아프 크레타   이니 주루산   부산

Maaf, taksi ini kosong?　　　　　실례합니다. 이 택시는 빈차입니까?
마아아프 타크시- 이니 코송그

Maaf, ada waktu besok?　　　　　실례하네. 내일 시간이 있는가?
마아아프 아다   와크투   베속크

★ 전화를 주셔서 미안합니다. ■■■■■■■■■■■■■■
─────── *Terima kasih atas telepon anda.* ★

■ 우리들 한국사람은 「대단히 감사합니다」로 말해야 할 때, 「미안합니다」라고 말해 버린다. 이것은 인도네시아어에 있어서는 정확히 표현해야 한다.

■ 감사의 기분을 말하는 것임으로, maaf가 아니라 terima kasih (atas)...가 바른 표현이다.

Terima kasih atas surat anda. 테리마　카시－　아타스　수랏트　안다	편지를 받아서 미안합니다.
Terima kasih atas bantuan anda. 테리마　카시－　아타스　반투안　안다	협력해주셔서 미안합니다.
Terima kasih atas telepon kemarin. 테리마　카시－　아타스　테레뽄　크마린	어제 전화를 주셔서 미안합니다.
Terima kasih atas kebaikan. 테리마　카시－　아타스　크바이칸	친절히 해주셔서 미안합니다.
Terima kasih atas jemputan anda. 테리마　카시－　아타스　젬뿌탄　안다	마중나와 주셔서 미안합니다.
Terima kasih atas kiriman kado. 테리마　카시－　아타스　키리만　카도	선물을 주셔서 미안합니다.
Terima kasih kiriman bunga. 테리마　카시－　키리만　분가	꽃을(선물로) 주셔서 미안합니다.

■ Terima kasih 다음의 atas(～에 대해서)는, 친한 사이끼리의 회화에서는 생략하기도 한다. atas가 없어도 뜻은 충분히 통하기 때문이다. 전차에서 좌석을 양보받았을 때의 표현은,

Silakan duduk di sini. 시라칸　두둑크　디　시니	어서 이리 앉으세요.
Oh ya terima kasih. 오－ 야－ 테리마　카시－	아이구, 미안합니다.

■ 길의 순서를 물을 때에는,

Mau ke gereja belok mana? 마우　크　게레자　베록크　마나	교회로는 어디로 돌아갑니까?
Belok kanan saja. 베록크　카난　사자	오른 쪽으로 돌아가세요.

Oh ya terima kasih.
오- 야- 테리마　　카시-

아이구, 미안합니다.

■ 분실물의 소식을 전해 받았을 때,
Ini barangkali barang Tuan.
이니 바랑그카리　　바랑그　　투안

이게 당신것이겠지요.

Ya betul, terima kasih.
야- 브툴-　테리마　　카시-

아, 그렇습니다. 미안합니다.

■ 호텔의 프런트에서 열쇠를 받았을 때,
Mari, ini kunci kamar.
마리　　이니 쿤치　　카말-

여기, 이것이 방 열쇠입니다.

Terima kasih.
테리마　　카시-

예, 미안합니다.

■ 짐을 날라주었을 때,
Mari, saya bawakan barang.
마리　　사야　　바와칸　　바랑그

자아, 짐을 날라드리죠.

Wah terima kasih.
와-　테리마　　카시-

아이구, 대단히 미안합니다.

5 천 만 에 요

★우리말로는 상대방이 사과말을 했을 때나, 감사의 인사를 했을 때에는, 「천만에요」라고 대답하면 되지만, 인도네시아어에서는 다르다.

★ 대단히 미안합니다. ■■■■■■■■■■■■■■■■■■
—————————————————————— *Minta maaf.* ★

■ 사과를 받았을 때,

Minta maaf, saya terlambat.
민타　마아아프　사야　테르람밧트

지각해서 미안합니다.

Tidak apa-apa.
티닥크　아빠　아빠

천만에요(아무렇지도 않습니다.)

Maaf merepotkan adna.
마아아프　므레뽀트간　　안다

대단히 폐를 끼쳐서 미안합니다.

Tidak apa-apa
티닥크　아빠　아빠

아니요, 천만에요.

Maaf, tidak bisa banta anda.
마아아프　티닥크　비싸　반투　　안다

도움이 되지 못해서 죄송합니다.

Oh tidak apa-apa.
오－　티닥크　아빠　아빠

오오, 천만에요.

Maaf, bicara telepon lama.
마아아프　비차라　테레뽄　라마

전화가 길어서 미안합니다.

Tidak apa-apa Sdr.
티닥크　아빠　아빠　사라다라

천만에요.

Maaf, kemarin tidak masuk.
마아아프　크마린　티닥크　마숙크

어제 출근하지 못해서 죄송합니다.

Tidak apa-apa.
티닥크　아빠　아빠

천만에요.

Maaf, besok tidak bisa ikut.
마아아프　브속크　티닥크　비사　이쿳트

내일 함께 하지 못해서 미안합니다.

Tidak apa-apa Tuan.
티닥크　아빠　아빠　투안

천만에요, 당신도.

★ 감사합니다. ■■■■■■■■■■■■■■■■■■■

Terima kasih. ★

■ 감사의 인사를 받았을 때

Terima kasih banyak atas kunjungan anda.
테리마　카시ー　바니약크　아타스　쿤준간　안다
와 주셔서 고마워요.

Terima kasih kembali.　천만에 말씀이에요.
테리마　카시ー　코므바리

Sama-sama.　천만에요(피차일반이에요).
사마　사마

Terima kasih atas undangan anda.
테리마　카시ー　아타스　운단간　안다
초대해 주셔서 감사합니다.

Terima kasih kembali. Selamat datang.
테리마　카시ー　크므바리　스라맛트　다탕그
천만에요, 잘 오셨습니다.

Sama-sama. Selamat datang.　천만에요, 잘 오셨습니다.
사마　사마　스라맛트　다탕그

Terima kasih atas kiriman kado.
테리마　카시ー　아타스　키리만　카도
선물을 주셔서 고마워요.

Terima kasih kembali.　천만에요.
테리마　카시ー　크르바리

Sama-sama.　천만에요.
사마　사마

Terima kasih atas kartu Hari Natal.
테리마　카시ー　아타스　카르투　하리　나탈ー
크리스마스 카드 감사합니다.

Terima kasih kembali.　천만에요.
테리마　카시ー　크르바리

Sama-sama.　천만에요.
사마　사마

Terima kasih atas kirima foto.　사진을 보내 주어서 고마워요.
테리마　카시ー　아타스　키리만　포토

Terima kasih kembali.　천만에요.
테리마　카시ー　크르바리

Sama-sama.　천만에요.
사마　사마

Terima kasih atas jemputan anda.
테리마　카시－　아타스　젬뿌탄　안다

　　　　　　　　　마중나와 주어서 고마워요.

Terima kasih kembali.　　　천만에요.
테리마　카시－　크므바리

Sama-sama.　　　　　　천만에요.
사마　　사마

Terima kasih atas kebaikan anda.
테리마　카시－　아타스　크바이칸　안다

　　　　　　　　　당신의 호의는 감사합니다.

Terima kasih kembali.　　　천만에요.
테리마　카시－　크므바리

Sama-sama.　　　　　　천만에요.
사마　　사마

■ Terima kasih kembali는 「감사의 말을 들려준다」라는 것이 원래의
뜻인 것 같다. 친한 사이의 허물없는 대화에서는 이것을 kembali만
을 쓰기도 한다.

Terima kasih Sdr.　　　자네, 대단히 고맙네.
테리마　카시－　사우다라

Kembali.　　　　　　　아니, 천만에.
크므바리

Terima kasih atas kunjungan Sdr.
테리마　카시－　아타스　쿤준간　사우다라

　　　　　　　　　자네, 와 줘서 고맙네.

Kembali.　　　　　　　천만의 말씀일세.
크므바리

■ Sama-sama는 「나도 마찬가지이다」 「피차일반이다」라는 뜻의 말이
다. 사과에 대한 「천만에요」는 Tidak apa-apa.(아무렇지도 않다).
감사의 인사에 대해서의 「천만에요」는 Sama-sama.(피차일반이요)
Terima kasih kembali.(돌려주다).

6 아무쪼록

★우리말로는 남에게 어떤 동작을 권할 때 「부디(아무쪼록) ……하십시오」라고 말한다. 또한 남에게 청할 때에는 「아무쪼록 ……해 주십시오」라고 말하는데, 이와같은 「부디(아무쪼록), 어서」에 대해서 학습하기로 한다.

★아무쪼록 편히 쉬십시오. ■■■■■■■■■■■■■■
———————————————— Silakan bersantai. ★

■ 「……해도 무방합니다(좋습니다)」로 하면서 권유할 때에는 예문과 같이 「Silakan＋동사」의 형태를 쓴다.

Silakan makan. 시라칸　마칸	아무쪼록 들어주세요.
Silakan makan. roti. 시라칸　마칸　로티	어서 빵을 드세요.
Silakan makan. roti ini. 시라칸　마칸　로티　이니	부디 이 빵을 드세요.
Silakan tidur. 시라칸　티둘-	어서 주무세요.
Silakan makan di sini. 시라칸　마칸　디 시니	어서 여기서 주무세요.
Silakan minum. 시라칸　미눔	어서 마시세요.
Silakan minum kopi. 시라칸　미눔　코삐	어서 커피를 마시세요.
Silakan minum kopi ini. 시라칸　미눔　코삐　이니	어서 이 커피를 마시세요.
Silakan datang. 시리칸　디탕그	어서 오십시오(오세요).
Silakan datang di rumah saya. 시라칸　다탕그　디 루마-　사야	부디 저의 집으로 오십시오.

Silakan pergi.
시라칸 쁘르기

부디 오세요(가십시오).

Silakan pergi sekarang.
시라칸 쁘르기 스카랑그

아무쪼록 지금 곧 떠나십시오.

Silakan duduk.
시라칸 두둑크

어서 앉으세요.

Silakan duduk di kursi itu.
시라칸 두둑크 디 쿠르시 이투

어서 이 의자에 앉으세요.

Silakan lihat.
시라칸 리핫트

부디 보아주세요.

Silakan lihat gambar ini.
시라칸 리핫트 감발 이니

부디 이 그림을 보아주십시오.

Silakan baca.
시라칸 바차

아무쪼록 읽으세요.

Silakan baca ini dulu.
시라칸 바차 이니 두-루-

아무쪼록 먼저 읽어주세요.

Silakan ambil.
시라칸 암빌

어서 드십시오.

Silakan ambil kue itu.
시라칸 암빌 쿠에 이투

어서 이 케이크를 드십시오.

Silakan bawa ini.
시라칸 바와 이니

부디 이것을 가지고 오세요.

Silakan bawa payung ini.
시라칸 바와 빠융그 이니

부디 이 우산을 가지고 가세요.

Silakan bawa payung saya ini.
시라칸 바와 빠융그 사야 이니

아무쪼록 나의 이 우산을 가지고 가세요.
어서 상의를 벗으세요.

Silakan buka baju.
시라칸 부카 바주

Silakan buka baju jika panas.
시라칸 부카 바주 지카 빠나스

만약 더우면 어서 상의를 벗으세요.
어서 말씀하셔도 무방합니다.

Silakan bicara.
시라칸 비차라

Silakan tanya kepada saya.
시라칸 탄야 크빠다 사야

아무쪼록 나에게 물으셔도 무방합니다.

■ 어떤 일을 의뢰할 때의 「아무쪼록(부디) ……해주십시오」는 3. 「…
…주세요」의 장에서 학습한 것 중의 minta… (동사), 또는
tolong… (동사)이다.

Minta makan ini.
민타　　마칸　　　이니

이것을 드셔 주세요 (의뢰).

Silakan makan roti ini.
시라칸　　마칸　　로티　이니

이 빵을 먹어 주세요.

Minta datang.
민타　　다탕그

와 주세요.

Minta datang di rumah saya.
민타　　다탕그　　디 루마-　　사야

나의 집에 와 주세요.

Minta duduk.
민타　　두둑크

앉아 주세요.

Minta duduk di bawah.
민타　　두둑크　　디 바와-

앉아 주십시오 (쭈그리고).

Minta bayar ini.
민타　　바얄-　　이니

이것을 지불해 주세요.

Minta bayarkan ini.
민타　　바얄-칸　　　이니

이것을 (대신에) 지불해 주십시오.

Minta bawa paspor.
민타　　바와　　빠스뽈

여권을 휴대해 주십시오.

Minta bawakan koper itu.
민타　　바와칸　　코뻴　　이투

이 슈트케이스를 날라주세요.

Minta buka baju.
민타　　부카　바주

상의를 벗어 주세요 (진찰).

Minta bukakan koper itu.
민타　　부가칸　　고-뻴　　이부

이 슈트케이스를 열어 주세요.

Tolong makan ini.
토롱그　　마칸　　이니

이것을 먹어 주세요 (의뢰).

Tolong makan ini dulu.
토롱그　　마칸　　이니 두-루

이것을 먼저 드세요.

Tolong datang.
토롱그　　다탕그

와 주십시오.

Tolong datang di rumah saya besok.
토롱그　　다탕그　　디 루마-　　사야　　베속크

내일, 저의 집에 와 주세요.

Tolong berdiri di situ sebentar.
토롱그　　브르디리　디 시투　　스븐탈-

거기에 잠시 서 있어 주세요.

Tolong bayar ini.
토롱그　　바얄　　이니

이것을 시불해 주세요.

Tolong bayarkan ini.   이것을 (대신해서) 지불해 주세요.
토롱그 바얄칸 이니

Tolong bawa ini ke kamar.   이것을 방까지 가져다 주세요.
토롱그 바와 이니 크 카말

Tolong bawakan itu ke kamar.   이것을 방까지 날라다 주세요.
토롱그 바와칸 이투 크 카말

Tolong bukakan bungkusan ini.
토롱그 부카칸 봉쿠산 이니

이 보따리를(대신해서) 열어 주세요.

Tolong carikan sepatu olahraga.   운동화를 찾아주세요.
토롱그 차리칸 스빠투 오라－라가

Tolong belikan saya rokok.   나에게 담배를 사 주세요.
토롱그 브리칸 사야 로콕크

Tolong belikan susu bubuk.   가루우유를(대신해서) 사주세요.
토롱그 브리칸 수수 부북크

Tolong sampaikan salam saya.   나의 인사를 전해주세요.
토롱그 삼빠이칸 사람 사야

■ 외워두면 편리한 어구

beli	사다	belikan	(누군가를 위해서) 사주다
브리		브리칸	
cari	찾다	carikan	(누군가를 위해서) 찾아주다
차리		차리칸	
bawa	나르다	bawakan	(누군가를 위해서) 날라주다
바와		바와칸	

7 어느쪽입니까

★한국말에는 장소에 대해서 「어디에 있습니까」로 묻는 것과, 좌우 어느 쪽인가와 같은 「어느 쪽인가」의 선택을 해야할 말들이 있다.

★아버지는 어느 쪽입니까? ■■■■■■■■■■■■■■■■

Ayah ada di mana? ★

■ 장소에 대해서 여러 모로 묻는다.

Ibu ada di mana?
이부 아다 디 마나

어머니는 어디에 계십니까?

Tuan Kim ada di mana?
투안 킴 아다 디 마나

Mr.김은 어디에 있지요?

Sdr. Anto ada di mana?
사우다라안토 아다 디 마나

안토군은 어디에 있지요?

Nona Yuna ada di mana?
노나 얀 아다 디 마나

유나님은 어디에 있지요?

Di mana anak kambing tuan?
디 마나 아낙크 캄빙그 투안

당신의 새끼양은 어디에 있지요?

Di mana ayah anda?
디 마나 아야- 안다

당신의 아버지는 어디지요?

Kantornya di mana?
칸톨-니야 디 마나

사무실은 어디지요?

Ruang makan di mana?
루앙그 마칸 디 마나

식당은 어디지요?

Sekolah anda di mana?
스코라- 안다 디 마나

당신의 학교는 어디에 있습니까?

Kantor pos di mana?
칸톨 뽀스 디 마나

우체국은 어디죠?

Di mana kantor pos?
디 마나 칸톨 뽀스

우체국은 어디죠?

Kamar kecil di mana?
카말 크칠- 디 마나

화장실은 어디죠?

Di mana kamar kecil?
디 마나 카마 크칠-

화장실은 어디죠?

Klinik di mana?
크리닉크 디 마나

진료소는 어디죠?

Di mana klinik?
디 마나 크리닉크

진료소는 어디죠?

Stasiun subwaya di mana?
스타시운 사브외이 디 마나

지하철역은 어디죠?

Di mana stasiun subway?
디 마나 스타시운 사브외이

지하철역은 어디죠?

Balai kota di mana?
바라이 코타 디 마나

시청은 어디죠?

Di mana balai kota?
디 마나 바라이 코타

시청은 어디죠?

Loket KAL di mana?
로켓트 칼 디 마나

대한항공의 창구(카운터)는 어디죠?

Di mana loket KAL?
디 마나 로켓트 칼

어디죠, 대한항공의 창구(카운터)는?

Rumah sakit yang dekat di mana?
루마- 사킷트 양 데캇트 디 마나

가장 가까운 병원은 어느 쪽이죠?

Di mana rumah sakit yang dekat?
디 마나 루마- 사킷트 양그 데캇트

가장 가까운 병원은 어느 쪽이죠?

Museum purbakala di mana?
무세움 뿌르바카라 디 마나

고대(역사) 박물관은 어느 쪽이죠?

Di mana museun purbakala?
디 마나 무세움 뿌르바카라

어느 쪽이 고대(역사) 박물관이죠?

Pintu masuk di mana?
삔투 마숙크 디 마나

입구는 어느 쪽이죠?

Di mana pintu masuk?
디 마나 삔투 마숙크

어느 쪽이 입구죠?

Pintu naik pesawat di mana?
삔투 나이크 쁘사왓트 디 마나

탑승구는 어디지요?

Di mana pintu naik pesawat?
디 마나 삔투 나이크 쁘사왓트

어디가 탑승구죠?

★ 당신은 어느 쪽을 좋아하세요? ■■■■■■■■■■■■■
——— Anda suka mana? Anda suka yang mana? ★

■ 선택에 대해서 여러 모로 물어보도록 할 것.

어느 쪽이(어느 쪽을)?라고 선택에 대해서 물을 때는 mana?
또는 yang mana?라고 한다. yang이 있는 쪽은 「어느 쪽의 것」이
란 뜻이다. 일상 회화편의 「5. 짠것을 좋아하십니까?」의 항에서, 이
예문을 학습한 바가 있다.

yang besar
양그 브살-

큰 것

yang kecil
양그 크칠-

작은 것

yang manis
양그 마니스

단 것

yang tidak manis
양그 티닥크 마니스

달지 않은 것

yang enak
양그 에낙크

맛있는 것

yang tidak enak
양그 티닥크 에낙크

맛이 없는 것

yang suka
양그 수카

좋아하는 것

yang tidak suka
양그 티닥크 수카

좋아하지 않는 것(싫은 것)

yang keras
양그 크라스

단단한 것, 강한 것

yang tidak keras
양그 티닥크 크라스

단단하지 않은 것, 강하지 않은 것

yang kiri
양그 키리

왼쪽의 것

yang kanan
양그 카난

오른쪽의 것

yang atas
양그 아타스

위쪽의 것

yang bawah
양그 바와ー

아래쪽의 것

yang mana
양그 마나

어느 쪽의 것

Anda pilih mana?
안다 삐리ー 마나

당신은 어느 쪽을 오르십니까?

Anda pilih yang mana?
안다 삐리ー 양그 마나

당신은 어느 쪽의 것을 고르십니까?

Yang mana anda pilih?
양그 마나 안다 삐리

어느 쪽의 것을 당신은 고릅니까?

Anda mau beli mana?
안다 마우 브리 마나

당신은 어느 쪽을 삽니까?

Anda mau beli yang mana?
안다 마우 브리 양그 마나

당신은 어느 쪽의 것을 삽니까?

Yang mana anda mau beli?
양그 마나 안다 마우 브리

어느 쪽 것을 당신은 삽니까?

Anda suka mana?
안다 수카 마나

당신은 어느 쪽을 좋아하십니까?

Anda suka yang mana?
안다 수카 양그 마나

당신은 어느쪽 것을 좋아하십니까?

Yang mana anda suka?
양그 마나 안다 수카

어느 쪽 것을 당신은 좋아하십니까?

Anda mau pakai mana?
안다 마우 빠카이 마나

당신은 어느 쪽을 채용하십니까?

Anda mau pakai yang mana?
인다 마우 빠카이 양그 마나

당신은 어느 쪽 것을 채용하십니까?

Yang mana anda mau pakai?
양그 마나 안다 마우 빠카이

어느 쪽 것을 당신은 채용하십니까?

8 왜 그런가요

★이유나 원인을 물을 때에 apa에서 파생한 mengapa 또는 kenapa를 쓴다. 표준어로서는 mengapa 쪽이 주류이지만, 유력한 지방어인 쟈바어의 영향에 의한 kenapa(kena+apa)가 최근에는 많이 쓰여지고 있다. 뜻은 어느 쪽이나 같지만 거기에는 미묘한 뉘앙스의 차이가 있는 것 같다.

★당신은 왜 울고 계세요? ■■■■■■■■■■■■■■■■
Mengapa anda menangis? ★

■ mengapa「왜?」라고 물을 때에는 대답에 어떤 적극적인 설명을 구하고 있는 경우가 많다. 다음의 kenapa의 경우와 비교해주길 바란다.

Mengapa anda tidak masuk sekolah?　왜 너는 등교하지 않느냐?
른가빠　　　안다　　티닥크　마숫크　스코라-

Karena saya ada panas badan.　（몸에）열이 있기 때문입니다.
카르나　　사야　　아다　　빠나스　　바단

Mengapa ibumu marah?　　　왜 어머니는 화를 내고 있는가?
른가빠　　　이부무　　마라-

Karena adik saya tidak ke sekolah.
카르나　　　아딕크　사야　　티닥크　크　스코라-

　　　　　　동생이 학교에 가지 않기 때문입니다.

Mengapa ia sendiri tidak ke sini?
른가빠　　　이아　즌디리　　티닥크　크　시니

　　　　　　왜 그 자신이 여기에 오지 않는가?

Karena ia merasa malu ke sini.
카르나　　　이아　므라사　　마루　크　시니

　　　　　　여기에 오는 것이 부끄럽기 때문입니다.

Mengapa kamu ribut mengganggu saya?
른가빠　　　카무　　리붓트　른강구-　　사야

왜 너는 떠들어서 나를 방해하는가?

Minta maaf tuan.
민타　　마아프　투안

죄송합니다.

Mengapa tidak makan sayur?
믄가빠　　　티닥크　마칸　　　사율ー

왜 야채를 먹지 않느냐?

Mengapa tidak masuk rumah?
믄가빠　　　티닥크　마숙크　　루마ー

왜 집으로 들어가지 않느냐?

Mengapa berdiri di luar?
믄가빠　　　브르디리　디　루알ー

왜 밖에서 있느냐?

Mengapa tidak ikut latihan?
믄가빠　　　티닥크　이쿳트　라티한

왜 연습에 참가하지 않는가?

Mengapa tidak menyalakan lampu?
믄가빠　　　티닥크　　므니야라칸　　　람뿌

왜 전등을 켜지 않는가?

Mengapa diam saja?
믄가빠　　　디암　　사자

왜 침묵하고 있는가?

Mengapa kita harus bantu dia?
믄가빠　　　키타　　하루ー스　반투　　　디아

왜 우리가 그를 도와야만 하는가?

Mengapa anda tidak setuju?
믄가빠　　　안다　　티닥크　　스투주

왜 당신은 찬성하지 않는가?

Mengapa anda tidak mau istirahat?
믄가빠　　　안다　　티닥크　마우　　이스티리핫트

왜 당신은 휴양하려 하지 않는가?

Mengapa ia tidak mau ke dokter?
믄가빠　　　이아 티닥크　마우　　크　도크텔

왜 그는 의사한테 가지 않는가?

Mengapa mereka menunggu di sana?
믄가빠　　　므레카　　　무눙구ー　　　디　사나

왜 그들은 저기서 기다리고 있는가?

Mengapa polisi itu menyetop mobil?
믄가빠　　　뽀리시　이투　므니에톱프　　　모빌ー

왜 저 경관은 자동차를 세웠는가?

■이와 같이 mengapa는 「……이므로」라는, 명확한 회답을 기대하고 있는 것 같다.

★왜 이렇게 더운가요? ■■■■■■■■■■■■■■■■
─────────────────── *Kenapa panas begini ya?* ★

■ kenapa는 원래 kena와 apa의 합성어이므로 kena 「…을 입고서」 「…에 저촉하여」의 뉘앙스가 느껴진다. mengapa와 똑같이 쓰여지는 외에, 명확한 회답을 기대하고 있지 않는, 자연 현상 등, 가벼운 뜻에서의 「왜」 「어찌하여」의 용례가 많다.

Kenapa anak ini menangis terus?
크나빠   아낙크   이니 므난기스   테루ー스

왜 저 아이는 계속 울고 있는가?

Mungkin karena anak itu lapar.
문긴   카르나   아낙크   이투 라빨ー

아마도 그 아이는 배가 고픈 것이리라.

Kenapa ia ada uang banyak, aneh ya?
크나빠   이아 아다 우앙그   바냑크   아네ー 야

왜 그는 돈이 많은지 이상하군요?

Ya betul aneh sekali.   참으로, 이상하군요.
야 브툴   아네ー 스카리

Kenapa lingkungan kita semakin kotor?
크나빠   린그쿤간   키타 스마긴   코톨ー

왜 우리의 환경은 나날이 오염되어 가는가?

Ya, kita harus berbuat apa-apa.
야 키타 하루스   브르부앗트   아빠 아빠

글쎄, 어떤 조치를 취해야 한다.

Kenapa korupsi tidak akan habis?
크나빠   코루쁘시   티닥크   아칸   아비스

왜 오직(汚職)은 없어지지 않는가?

Betul, waktu ini banyak sekali, ya?
브툴   와크투   이니 바니냑크   스카리   야

참으로, 요즘에는 심하군 그래?

Kenapa matamu bengkak? Apa menangis?
크나빠   마타무   벵각크   아빠 무난기스

왜 눈이 부어있느냐? 울고 있었느냐?

Tidak, ini kena asap api saja.
티닥크   이니 케나   아삿쁘 아삐 사자

아니오, 연기가 들어갔을 뿐입니다.

Kenapa lalu-lintas sini selalu macet?
크나빠　　　　라루　린타스　　시니　스라루－　마쳇트

왜 여기의 교통은 항상 정체되는가요?

Ya, bagaimanakah cara mengatasinya?
야　바가이마나카－　　　　차라　믄가타시니야

글쎄, 해결책은 어떤 것일까?

■ 답으로써, 동감하거나, 가볍게 추측을 말하는 정도의 것이 많지만, 물론 다음과 같이, mengapa와 똑같이 확실한 답을 요구하는 것도 있다.

Kenapa kemarin tidak datang?　　　왜 어제 오지 않았는가?
크나빠　　　크마린　　티닥크　다탕그

Kenapa ibumu marah?　　　왜 어머니는 노하고 있는가?
크나빠　　이부무　　마라－

Kenapa tidak makan sayur?　　왜 야채를 먹지 않는가?
크나빠　　티닥크　마칸　　　사율－

Kenapa berjanji begitu?　　왜 그와 같은 약속을 했는가?
크나빠　　브르잔지　　브기투

Kenapa mahal begini?　　왜 그렇게 값이 비싼가?
크나빠　　마할－　　브기니

Kenapa buka sepatu?　　왜 신을 벗는가?
크나빠　　부카　　스빠투

Kenapa ia tidak belajar?　　왜 그는 공부를 하지 않는가?
크나빠　　이아 티닥크　브라잘－

Kenapa anda tidak setuju?　　왜 당신은 찬성하지 않는가?
크나빠　　안다　　티닥크　스투주－

Kenapa mereka berteriak-teriak?　　왜 그들은 외치고 있는가?
크나빠　　므레카　　브르테리악크　테리악크

Kenapa mereka tidak diangkat?　　왜 그들은 등용되지 않았는가?
크나빠　　므레카　　티닥크　디안갓트

9 보다 더 많이

★ **보다 더 많이 주세요.** ■■■■■■■■■■■■■■■■■■■
━━━━━━━━━━━━━━━━ *Minta lebih banyak lagi.* ★

■ 일상회화편 「2. 인도네시아는 덥습니까?」의 항에서, 형용사의 비교급
에 대해서 설명한 바가 있다. 거기서 배운 lebih라는 말이, 「보다
더」「더한층……」으로 분량과 사물을 성질을 「더욱이……」「……이
상으로」라고 설명하는 경우에 쓰여진다. lagi는 「반복해서 또한번」
「첨가해서 다시」라는 뜻의 말이며, 위의 예문과 같이 이것들이 병용
되는 경우도 있다.

lelbih besar 르비- 브살	더욱더 큰, 보다더 큰
lebih kecil 르비- 크칠	더욱더 작은, 보다더 작은
lebih manis 르비- 마니스	더욱더 단, 보다더 작은
lebih asin 르비- 아신	더욱더 짠, 보다더 짠
lebih tinggi 르비- 팅기	더욱더 높은, 보다더 높은
lebih rendah 르비- 렌다-	더욱더 낮은, 보다더 낮은
lebih tebal 르비- 테발-	더욱더 두꺼운, 보다더 두꺼운
lebih tipis 르비- 티삐스	더욱더 얇은, 보다더 얇은

lebih mahal 르비- 마할-	더욱더 값비싼, 보다더 값비싼
lebih murah 르비- 무라-	더욱더 값싼, 보다더 싼
lebih panas 르비- 빠나스	더욱더 더운(뜨거운)
lebih dingin 르비- 딩긴	더욱더 추(차가)운
lebih baik 르비- 바이크	더욱더 좋은, 보다더 좋은
lebih senang 르비- 스낭그	더욱더 기분좋은, 보다더 쾌적한
sepuluh ribu rupiah lebih 스뿌루- 리부 루삐아- 르비-	10,000루비아 이상
tiga ratus meter lebih 티가 라투스 메-텔 르비-	300미터이상
lima kilogram lebih 리마 키로그람 르비-	5킬로그램이상
empat ribu orang lebih 움빳트 리부 오랑그 르비-	4,000명 이상
lebih dari sepuluh ribu rupiah 르비- 다리 스뿌루- 리부 루삐아	10,000루비아 이상
lebih dari tiga ratus meter 르비- 다리 티가 라투스 메-텔	300미터 이상
lebih dari lima kilogram 르비- 다리 리마 키로그람	5킬로그램 이상
lebih dari empat ribu orang 르비- 다리 으므빳트 리부 오랑그	4,000명 이상
lebih dari cukupan 르비- 다리 추쿠빤	필요량 이상
lebih kurang=kira-kira 르비- 쿠랑그 키라 키라	대, 약(기호는 I.K. 또는 ±)
kurang lebih=kira-kira 쿠-랑그 르비- 키라 키라	

★ 하나 더 드세요! ■■■■■■■■■■■■■■■■■■■■
—————————————————— *Makanlah satu lagi.* ★

■「반복해서 한번 더」「다시 더해서」 등의 뜻을 나타내는 것이 lagi이
다.

Boleh ambil satu lagi?
보레- 암빌 사투 라기
또 하나 더 들어도 좋습니까?

Belok ke kanan lagi?
베록크 크 카난 하기
또 한번 오른쪽으로 돌으세요.

Ada pertanyaan lagi.
아다 쁘르티니얀 라기
보다 더 질문이 있습니다.

Jangan ulangi itu lagi.
장간 우랑기 이투 라기
두번 다시 그 일을 되풀이 않도록.

Kerjakan itu sekali lagi.
크르자찬 이투 스카리 라기
다시 한번 그 일을 하세요.

Minta tunggu sebentar lagi.
민타 퉁구- 스벤탈- 라기
좀 더 잠시동안 기다리세요.

Hari besok kita ketemu lagi.
하리 베속크 키타 크테무 라기
내일 다시 만납니다.

Nanti malam kita bertemu lagi.
난티 마람 키타 브르테무 라기
오늘밤 또 만납니다.

Habis itu dia tidak kelihatan lagi.
하비스 이투 디아 티닥크 크리하탄 라기
끝난뒤에, 그는 모습을 보이지 않는다.

Sesudah itu dia tidak terlihat lagi.
스수다- 이투 디아 티닥크 테르리핫트 라기
그후, 그는 모습을 보이지 않는다.

Sampai bertemu lagi.
삼빠이 브르테무 라기
또 만날 때까지, 안녕.

Datang sekali lagi.
다당그 스카리 라기
또 와 주세요.

Minta uang lagi.
민타 우앙그 라기
또 돈을 요구한다.

■lagi에는 sedang와 같이, 다음과 같이 「현재…… 하고 있다」는 것을
나타내고, 동사를 수식하는 「부사」의 역할을 한다.

Jangan ribut, bayi lagi tidur.
잔간 리붓트 바이 라기 티둘-
조용히 하세요, 아기가 자고 있으니.

La lagi pergi.(Belum pulang)
라 라기 쁘르기 브룸 뿌-랑그

그는 아직도 외출중이다.

Adik lagi makan.
아딕크 라기 마칸

동생은 식사중이다.

Anto lagi mandi.
안토 라기 만디

안토는 목욕을 하고 있는 중이다.

Keadaan lagi kacau.
그아다안 라기 카차우

정세는 아직도 혼란중이다.

■ tidak와 lagi를 결합하여, 「이제는……않다」 「더 이상……않다」는 뜻을 나타낸다.

Tidak ada uang lagi.
티닥크 아다 우앙그 라기

더 이상 돈이 없다.

Tidak berkawan lagi.
티닥크 브르카완 라기

이제는 친구가 아니다.

Sudah tidak tahan lagi.
수다- 티닥크 타한 라기

더 이상 참을 수가 없다.

Tidak cocok lagi.
티닥크 초촉크 라기

이제는 합치하지 않는다.

Tidak dicetak lagi.
티닥크 디체탁크 라기

더 이상 인쇄되지 않는다.

Tidak dijual lagi.
티닥크 디주알- 라기

이제는 팔려지고 있지 않다.

10 잘부탁합니다

★ 유나님에게 안부 부탁해요! ■■■■■■■■■■■■■■
—— *Sampaikan salam saya kepada Nona Yuna.* ★

■ 「안부 전해주세요」「잘 말씀해 주세요」가 Sampaikan salam saya
이다. 우리 말에도 단지 간단하게 「안부 전해 주게」라는 전언이 있으
나, 이와 같은 예는 인도네시아에도 있다. Salam saya kepada...라
고 한다. 「전해 주세요」에 해당하는 sampaikan은 사라지고 있다.
또, 좀 더 정중하게 말할 때에는, 처음에 Tolong(거들어 주세요)나
Minta(부탁합니다, ~해주세요)를 첨가하거나, sampaikanlah로 접
미사의 -lah를 첨가하기도 한다.

Sampaikan salam saya kepada ibu.
삼빠이칸　　　사람　사야　크빠다　이부　　　　어머니에게 안부를

Salam saya kepada ibu.
사람　사야　크빠다　이부　　　　어머니에게 잘 말해주세요.

Tolong sampaikan salam saya kepada ibu.
토롱그　삼빠이칸　　사람　사야　크빠다　이부　　　어머니에게 안부를

Sampaikan salam saya kepada nyonya.
삼빠이칸　　　사람　사야　크빠다　뇨니야　　　부인에게 안부를

Salam saya kepada nyonya.
사람　사야　크빠다　뇨니야　　　부인에게 안부를

Minta sampaikan salam saya kepada nyonya.
민타　삼빠이칸　　사람　사야　크빠다　뇨니야　　　부인에게 안부를

Sampaikan salam saya kepada Anto.
삼빠이칸　　　사람　사야　크빠다　안토　　　안토에게 안부를

Salam saya kepada Anto.
사람　사야　크빠다　안토　　　안토에게 안부를

Minta sampaikan salam saya kepada Anto.
민타　삼빠이칸　　사람　사야　크빠다　안토

안토에게 잘 부탁해요.

Sampaikan salam saya kepada tunangan anda.
삼빠이칸　　사람　사야　크빠다　투난간　　안다

약혼녀에게 안부를

Salam saya kepadda tunangan anda.　　약혼녀에게 안부를
사람　사야　크빠다　　투안간　　안다

Tolong sampaikan salam saya kepada tunangan anda.
토롱그　삼빠이칸　　사람　사야　크빠다　투난간　　안다

약혼녀에게 안부를

Sampaikan salam saya kepada paman.　숙부님께 안부를
삼빠이칸　　사람　사야　크빠다　빠만

Salam saya kepada paman.　　숙부님께 안부를
사람　사야　크빠다　빠만

Sampaikanlah salam saya kepada paman.　숙부님께 안부를
삼빠이칸라－　　사람　사야　크빠다　빠만

Sampaikan salam saya kepada ibunda.　자당님께 안부를
삼빠이칸　　사람　사야　크빠다　이분다

Salam saya kepada ibunda.　　어머님께 안부를
사람　사야　크빠다　이분다

Sampaikanlah salam saya kepada ibunda.　어머님께 안부를
삼빠이칸라－　　사람　사야　크빠다　이분다

*ayahanda, ibunda, kakanda, adinda 등은 「아버님」「어머님」「형
님」「아우님」 등, 자신이나 남의 친척을 정중하게 부르는 말이다.

★그럼 또 내일, 잘있어! ■■■■■■■■■■■■■■■■

──────────── Mari sampai besok! ★

■ 우리말로도 「잘 부탁해요」라고 헤어질 때에, 간단히, 약간 무의미한
인사를 한다. 이것과 딱 알맞는 인도네시아어는 찾아볼 수가 없다. 그
때그때의 경우에 따라서 적당한 표현을 한다.

Mari bertemu lagi nanti!　　자, 그럼 또, 부탁해요!
마리　브르테무　라기　난디

Mari di sekolah besok!　　자, 그럼 내일 학교에서, 잘가요!
마리　디 스코라－　베속크

Mari di kantor－ besok!   자, 그럼 내일 회사에서, 안녕!
마리 디 칸톨－   베속크

Mari di Lapangan Terbang besok! 그럼, 내일 공항에서, 또 만나요!
마리 디 라빵간   테르방그 베속크

Mari kita ketemu di stasiun Seoul.
마리 키타 크테무 디 스타시운 서울

     자, 그럼 내일 서울역에서, 잘 부탁해요!

■ 이것은 결코 Mari!가 「잘 부탁해요」는 아니다. 정도가 가벼운 인사로 Mari!라고 말하고 있는 것이다.

★앞으로 잘 부탁합니다! ■■■■■■■■■■■■■■■
— *Atas bantuan anda, terima kasih sebelumnya.* ★

■ 협력(해 주신데) 대해서, 미리 인사를 드립니다. 라는 표현이 된다.

Atas bantuan anda, sebelumnya kami ucapkan terima kasih
아타스 반투안 안다 스브름니야 카미 우찹쁘칸 테리마 카시－

banyak.
바니약크

협력에 대해서, 미리 저희들의 감사의 뜻을 말씀드립니다.
(앞으로도 잘 부탁드립니다.)

★처음 뵙겠습니다, 잘 부탁합니다! ■■■■■■■■■■■
Selamat bertemu. ★

■ 「만나뵙게 되어서 기쁘다」라는 뜻의 인사임으로, 특히 「잘 부탁합니다」라는 말은 없다. 서로가 이름을 알리는 것만으로도 족할 것이다. 「잘 부탁합니다」라는 기분도 곁들여서 인사하면 된다.

Selamat bertemu.   처음 뵙겠습니다. 잘 부탁합니다!
스라맛트 브르테무

Kenalkan, saya Anto.   안토올시다, 잘 부탁합니다!
케나르칸 사야 안토

Kenalkan, selamat bertemu. 저도 그렇습니다. 잘 부탁합니다!
크나르칸 스라맛트 브르테무

★나의 동생을 잘 부탁합니다. ■■■■■■■■■■■■■■■
Minta bantu adik saya. ★

■「돌보아 주세요」「거들어 주세요」라고 하는 것이 참된 뜻일 것임으
로, 예문과 같이 된다.

Minta bantu ibu saya.
민타　반투　이부 사야
저의 어머니를 잘 돌봐주세요.

Minta lihat anak ini.
민타　리핫트　아낙크　이니
이 아이를 잘 봐주세요, 네.

Minta jaga rumah saya.
민타　자가　루마-　사야
이 집을 잘 지켜주시길 바래요.

Minta ditagih ke kantor.
민타　디타기-　크　칸톨-
계산은 회사에게 부탁하세요.

상투어구편의 정리

1. 상투어의 형을 여러 차례 반복하여 소리내서 읽고 완전히 외워야
   한다. 그 후에 생각나는 몇 개의 단어를 바꾸어 연습하길 바란다.
2. 각 상투어를 사용한 예문 중의 단어를 정리해둔다.

▶ 어떻습니까?

■ 안녕하십니까(안부)?　　**Apa kabar?**

| apa | 무엇 | kabar | 알림, 소식, 뉴스 |
| baik | 좋은 | terima kasih | 고맙소 |

■ 담배는 어떻습니까?　　**Bagaimana rokok ini?**

bagaimana	어떠한	rokok	담배
ini	이것, 이	kue	과자, 케이크
kopi	커피	mau	～하고 싶다. ～하려고 생각한다.
makan	먹다	permin	캔디
suka	좋아하다, 즐기다	minum	마시다
ambil	손에 들다	pakai	착용하다, 사용하다
pensil	연필		

■ 해변에서 산책이라도 어떻습니까?
Bagaimana jalan-jalan di pantai?

| jalan-jalan | 산책(하다) | pantai | 해안, 해변, 바닷가 |

kita	우리들(상대방도 포함해서 전원)	main	게임을 하다 놀다, 연주하다
golf	골프	besok	내일
pergi	가다	bersama	함께, 동반하여
dengan	~과 함께, ~에 의해서(수단), ~을 써서(도구)	mobil	자동차
stasiun	(기차의) 역, 정거장		

■ 내일이면 어떻습니까?　**Bagaimana kalau besok?**

kalau	만약에	hari	달력의(날)
lusa	모래	minggu	주, hari Minggu는 일요일
depan	전방의, minggu depan는 내주, 다음주	bulan	(천체의)달 (달력의) 월
nanti	나중에, 곧, (동사의) 기다리다	sore	저녁때
malam	밤, 저녁	jam	시간, 시각, 시계
jam tujuh	7시		

■ 저의 집이면 어떻습니까?　**Bagaimana di rumah saya?**

di	~에서, ~로	lobi	로비
hotel	호텔	ketemu	만나다 bertemu과 같음
sekolah	학교		

■ 가르다항공은 어떻습니까?　**Bagaimana dengan pesawat Garuda?**

pesawat	기계, 일반적으로는 pesawat terbang 항공기를 뜻함		
subway	지하철	bis	버스
highway	고속도로		

■ 어떻습니까? 알았습니까?　**Bagaimana? Mengerti?**

mengerti	이해하다

▶ 부탁합니다.

■ 안토씨를 부탁합니다.　**Minta bicara dengan Sdr. Anto.**

minta	부탁합니다. 주세요	bicara	이야기하다. 대화하다
bapak	연상의 남성의 경칭, 아버지	ibu	연상의 경칭 어머니
nona	아가씨	sambung	잇다, 접속하다
nomer	번호		

■ 독방을 부탁합니다.　**Minta kamar single bed.**

kamar	방	kursi	의자, 자리
sebelah	옆, 측, 사이드	gang	통로, 오솔길
jendela	창	bagian	부분
tempat	장소, 자리	belakang	뒤, 후방
meja	책상, 테이블	jalan	도로, 통로
tidak	～하지 않다	merokok	담배를 피우다
boleh	～해도 좋다	tiket	차표
kelas	학급, 등급	kelas satu	1등

■ 나시 고렝을 부탁합니다.　**Minta nasi goreng.**

nasi	쌀밥, 밥	goreng	볶다, 기름에 튀기다.
nasi goreng	볶은밥	porsi	접시, satu porsi는 1인분
bir	맥주	saja	뿐, 만(강조)의 말
sapu	닦다, 씻다 sapu tangan는 손수건	tangan	손
kemeja	샤쓰	buku	책, 서적, 도서
kain	천, 옷감, 허리에 감는 천	batik	바딕크
pisang	바나나	untuk	～때문에
sari	엣센스	sari buah	과즙, 주스
ayam	닭	panggang	굽다
sate	꼬치구이, 새구이	soto	소토, 조개가든 소금기 있는 수프

■ 항공편으로 부탁합니다.   **Minta dengan pos udara.**

pos	우편	udara	하늘
laut	바다	ekspres	속달편, 급행열차
surat	편지, 서간, 서류	cepat	일찍, 빠른
paket	짐, 화물	hati-hati	주의깊게, 공손히
cepat-cepat	급히, 지급으로	kartu	카드
pelan-pelan	천천히	suara	소리
kartu kredit	크레디트 카드	yang	(관계대명사) ～인, ～하는
keras	강한	tenang	조용한, 정적의, 평온한
jelas	명백한, 뚜렷한, 명료한		

▶ 주세요.

■ 엽서를 10장 주세요.   **Minta kartu pos sepuluh.**

kartu pos	엽서	film	필름, 영화
itu	그것, 그	pulang	돌아가다(오다)
pergi	가다	pulang pergi	왕복
besar	큰	wiski soda	위스키에 물을 탄것
gelang	팔찌, 반지, 링그	patung	상(像), 목상, 석상
lukisan	쓰여진것, 회화(繪畵)	beras	쌀
bungkus	싸다, 포장하다	bungkusan	보따리, 포장된 것

■ 메뉴를 보여주세요.   **Minta lihat menu.**

lihat	보다	menu	메뉴
boleh	～해도 좋다(허가)	pulang	돌아가다 (나라로, 집으로, 고향으로) kembali(되돌아가다)와 구별할 것
dulu	우선, 최초로(순서에 관해서)		

■ 우선 기다려 주세요. **Minta tunggu dulu.**

tunggu	기다리다	datang	오다
di sini	여기에서	bungkus	싸다, 포장하다
makan	먹다	berhenti	정지하다, 멈추다
nyanyi	노래, 노래하다	nyanyikan	(남을 위해서)노래하다. 노래불러주다
lagu	노래	masak	요리하다, 조리하다
masakkan	(남을 위해서) 요리해주다.	bubur	죽
cerita	이야기, 이야기하다. 말하다	ceritakan	(남을 위해서) 이야기해주다
jadi	되다, 할 수 있다. 실현하다	kejadian	일어난 일, 사건
tolong	돕다, 거들다	coba	시도하다, 해보다
bawa	휴대하다, 나르다	bawakan	(남을 위해서)날라다 준다. 날라준다.
tukar	교환하다, 바꾸다 (상호간에)	tukarkan	(남을 위해서)교환해 준다. 바꾸어 준다.
buat	만들다, 제작하다	buatkan	(남을 위해서)만들어 준다. 제작해주다.
pos	우체통, 투함하다	poskan	(남을 위해서)투함해준다. 편지를 우체통에 넣어준다.
panggil	부르다, 소환하다	panggilkan	(남을 위해서)불러준다. 불러주다
taksi	택시	ulangi	되풀이하다.
lagi	다시한번, 또다시 더욱이		

minta의 숙어

minta korban	(재해등으로)희생자를 내다
minta ampun	미안합니다.
minta jalan	길을 비껴서 지나가게 해주세요.
minta berhenti	사직하다.
minta diri	인사하고 떠나다.
minta janji	이행의 여유를 청한다.
minta maaf	미안합니다.
minta nyawa	살려달라고 애원한다.
minta aman	살려달라고 애원한다.
minta-minta	구걸하다
peminta-minta	구걸, 거지

▶ 미안합니다.

■ 늦게와서 미안합니다.　　**Maaf, saya terlambat.**

mengganggu	방해하다	sudah	이미
lama	오랫동안, 낡은	kirim	보내다
surat	편지, 서간	terlambat	늦어서, 늦게
membalas	대답하다, 회답하다	bisa	할 수 있다.
bantu	돕는다. 지원한다. 후원한다	anda	당신
bicara telepon	전화를 말하다	kemarin	어제
tidak masuk	들어가지 않는다. 회사에 나오지 않는다. 등교하지 않는다.	besok	내일
tidak bisa	할 수 없다	ikut	종사하다, 참가하다, 따라가다
karena	왜냐하면 ~이므로		

■ 미안합니다. 실례합니다.　　**Maaf, saya mengganggu.**

mau	~하고자 생각한다. ~하려고 생각한다.	tanya	질문하다, 묻다.

adik	동생, 누이동생		
Sdr.(Saudara)	친구에 대한 경칭 「~군」		
jurusan	방향, 열차등의 「~행」, 대학에서의 「학과」		
kosong	텅빈	waktu	시간, 때

■ 전화를 해 주셔서 미안합니다.

Terima kasih atas telepon anda.

kebaikan	친절, 호의	jemput	맞이하다
jemputan	마중	kirim	보내다
kiriman	송부, 선물	kado	선물, 축하품
bunga	꽃	silakan	자, 어서
duduk	앉다, 걸터앉다.	gereja	(그리스도교의)교회
belok	(길을) 돌다 궤도가 굽어지다.	mana	어디, 어느쪽
barangkali	아마도, ~일는지 모른다.	barang	물건
tuan	당신 (남성, 신사에게)	betul	바른
mari	자아, 어서 (재촉하는 말)	kunci	열쇠, 키
kamar	방	bawa	나르다, 휴대하다
bawakan	날라다주다		

▶ 천만에요

■ 천만에요　**Tidak apa-apa**.

minta maaf	미안합니다.	tidak apa-apa	천만에요. 아무렇지도 않습니다.
saya	나	terlambat	늦어버렸다(상태)
repot	까다로운, 귀찮은, 성가신	merepotkan	폐를 끼치다. 성가시게 하다.
bantu	돕는다, 지원하다	lama	오랫동안
kemarin	어제	masuk	들어가다, 회사에 나오다. 등교하다.

tidak masuk	회사에 나오지	besok	내일
	않는다.		
	등교하지 않는다.		
ikut	따라가다. 따르다. 수행하다.		

■ 천만에요　**Terima kasih kembali. Sama-sama.**

kunjungan　방문, 내방

terima kasih kembali　（인사의）답례를 드립니다.

sama-sama　피차일반입니다.　undangan　초대

selamat datang　참으로 잘 와주셨습니다.

kiriman	송부, 선물	kado	프레젠트, 선물
kartu	카드	Hari Natal	크리스마스
foto	사진	jemput	마중나가다, 출영하다.
jemputan	출영, 마중	baik	좋은
kebaikan	호의, 후의, 친절		

▶ 아무쪼록, 어서

■ 아무쪼록 편히 쉬세요.　**Silakan bersantai.**

silakan	어서, 아무쪼록	santai	편안히 지내는
bersantai	편안히 쉬다.	roti	빵
	홀가분하게 지내다		
tidur	잠자다	datang	오다
pergi	가다	sekarang	현재, 지금
duduk	앉다. 착석하다.	kursi	의자
lihat	보다	gambar	그림
baca	읽다	dulu	먼저, 최초에, 이전의
ambil	손에 들다	kue	과자, 케이크
bawa	나르다, 휴대하다	payung	우산
buka	열다, （의복／모자	baju	상의
	등을）벗다.		
jika	만약에	panas	더운, 뜨거운
bicara	이야기하다,	tanya	묻다, 질문하다.
	지껄이다.		

■ 이 편지를 (나에게) 읽어 주세요. **Minta bacakan surat ini.**

bayar	지불하다.	bayarkan	(남을 위해서) 지불해주다. 지불하다.
bawa	나르다, 휴대하다.	bawakan	(남을 위해서) 나르다. 날라주다.
buka	열다.	bukakan	(남을 위해서) 열어주다.
berdiri	기립하다. 일어서다.	situ	저기서, 거기로
sebentar	잠시동안	tolong	돕다. 거들다.
carikan	(남을 위해서) 찾아주다.	sepatu	구두
olahraga	스포츠	gamelan	가메란(전통음악 극단의 종류)
beli	사다	belikan	(남을 위해서) 사다, 사서 주다.
rokok	담배	susu	우유, 젖
bubuk	분말의, 분말	sampaikan	(남을 위해서) 보내주다. 배달하다.
salam	인사		

▶ 어느 쪽입니까?

■ 아버지는 어느 쪽입니까? **Ayah ada di mana?**

ayah	아버지	mana	어디, 어느쪽
ibu	어머니	anak	아이, 자식
kambing	염소	kantor	사무소, 회사
kantornya	그 회사, 그의 회사 그 사무실	ruang	방, 홀
ruang makan	식당	sekolah	학교
pos	우편	kamar kecil	작은 방, 화장실을 뜻함
klinik	진료소	balai	건물, 빌딩
kota	시, 읍	loket	창구, 카운터
	balai kota는 시청		
rumah sakit	병원	dekat	가까운
museum	박물관	purbakala	고대

| pintu | 문, 게이트 | pintu masuk | 입구 |
| pintu naik | 탑승구, 승강구 | pesawat | 기계, 항공기
(pesawat terbang) |

■ 당신은 어느 쪽을 좋아합니까?

Anda suka mana? Anda suka yang mana?

besar	큰	kecil	작은
manis	맛이 단	enak	맛있는
suka	좋아하는	keras	강한, 단단한
kiri	왼쪽	kanan	오른쪽
atas	위	bawah	아래
yang mana	어느 쪽의 것	pilih	고르다
beli	사다	pakai	사용하다, 채용하다 착용하다

▶ 왜 그러십니까?

■ 당신은 왜 울고 있습니까?   **Mengapa anda menangis?**

mengapa	어찌하여, 왜	panas	뜨거운, 열
badan	몸	marah	꾸짖다, 화내다
adik	동생, 누이동생	ke sekolah	학교로(가다)
sendiri	스스로, 자기자신	ke sini	여기로(오다)
kamu	자네, 너	ribut	시끄러운, 소동
mengganggu	방해하다	makan	먹다
sayur	야채	rumah	집
luar	밖, 밖의	latihan	연습, 훈련
menyala	등불이 켜지다. 불이 켜지다.	menyalakan	등불을 켜다.
lampu	등불, 전등, 램프	diam	침묵하다, 살다
kita	우리들(상대방을 포함해서 전원)	harus	~하지 않으면 안된다.
setuju	동의(하다) 찬성(하다)	istirahat	휴양(하다), 정양(하다)
ke dokter	의사에게(가다)	menunggu	기다리다
polisi	경찰관	menyetop	멈추게 하다, 멈추다.

me＋stop＝menyetop

| mobil | 자동차 | tidak mau | ~하고 싶어하지 않는다. |
| | | | ~하고 싶지 않다. |

■ 왜 이렇게 덥습니까?　**Kenapa panas begini ya?**

kenapa	어찌하여, 왜	anak	아이
menangis	울다	terus	계속하다
mungkin	아마도, 혹시나	karena	~임으로
lapar	배가 고픈, 공복인	uang	돈
banyak	많이	aneh	묘한, 이상한
betul	올바른, 그대로이다	sekali	매우, 대단히
lingkungan	주변, 환경	semakin	점차로 ~이 되다.
kotor	더러운	berbuat	행하다, 하다
korupsi	오직	tidak akan	~하려고 하지 않는다.
habis	끝나다, 전부 없어지다.	waktu	때, 시간, 시대
waktu ini	요즘, 현재, 최근	mata	일(日)
matamu	너의 눈, 자네의 눈	bengkak	붓다
kena	닿다, 스쳐지다	asap	연기
	받다, 업다		
api	불	saja	만큼, 뿐
lalu-lintas	교통	selalu	항상
macet	정체, 밀림(기계등에)	mengatasi	극복하다. atas는「위」
	무엇이 막히다.		위로 올리다＝해결하다
kemarin	어제	berjanji	약속하다
begitu	그와같이, 그와같은	belajar	배우다, 학습하다,
			공부하다
teriak	외치다 berteriak-teriak는「서로 외치고 있는」(상태)		

▶ 보다 더 많이

■ 보다 더 많이 주세요.　**Minta lebih banyak lagi.**

lebih	보다 더, 보다 더	lagi	다시한번, 더욱이
	한층, 더욱이		보다 더
besar	큰	kecil	작은
manis	맛이 단	asin	간이 짠

tinggi	높은	rendah	낮은
tebal	두꺼운	tipis	얇은
mahal	（값이）비싼	murah	（값이）낮은, 싼
panas	더운, 뜨거운	dingin	추운, 차가운
baik	좋은	senang	쾌적한, 기분좋은
cukup	충분한	cukupa	충분, 적량
lebih kurang	대략, 약	kurang lebih	대략, 약
kira-kira	대략, 약		

■ 또 하나 더 드세요.　**Makanlah satu lagi.**

boleh	해도 좋다, 할수있다 （허가）	ambil	손에 들다(쥐다)
lagi	또 하나 더, 더욱이	belok	굽다
ke kanan	오른편으로(가다)	ada	있다
pertanyaan	질문	jangan	～해서는 안된다
ulangi	되풀이하다	kerja	일, 작업
kerjakan	행하다, 하다	tunggu	기다리다
sebentar	잠시	sebentar lagi	이제 잠시
ketemu	만나다	nanti	곧, 나중에
malam	밤	bertemu	만나다
habis itu	끝난 뒤에, 그후에	kelihatan	보이다, 출현하다
tidak kelihatan	보이지 않는다 모습을 보여주지 않는다.	sudah	이미
sesudah itu	그 뒤에	terlihat	보여지다
sampai	～까지	sekali	대단히, 매우, 한번
sedang	목하～하고 있다	jangan	～하지 말라
ribut	떠들다, 시끄럽다	bayi	아기, 유아
pulang	돌아가다, 귀가하다. 귀국하다. 귀향하다.	mandi	수욕, 미역을 감다
kacau	혼란하다, 어지러워지다	berkawan	친구가 되다, 친구로 삼다.
tahan	참다, 견디다	cocok	일치하다, 합치되다.
cetak	인쇄하다. dicetak 는 인쇄되다	jual	팔다, dijual은 팔리다.

▶ 잘 부탁합니다(안부 전해주세요)

■ 유나님께 안부바랍니다.
　Sampaikan salam saya kepada Nona Yuna.

sampaikan	전하다, 도달케하다	salam	인사
kepada	~에게	nyonya	부인
tunangan	피앙세, 약혼자	paman	숙부
ibunda	어머님	ayahanda	아버님
kakanda	형님	adinda	아우님

■ 자, 그럼 내일, 잘있어!　　**Mari sampai besok!**

besok	내일	nanti	나중에, 곧, 이윽고
lapangan terbang	공항		
stasiun	역		

■ 앞으로도 잘 부탁합니다!
　Atas bantuan anda, terima kasih sebelumnya.

kami	우리들(상대방을 포함하지 않는다)
ucapkan	말씀드린다
terima kasih banyak	대단히 고맙습니다

■ 처음 뵙겠습니다. 잘 부탁합니다.　　**Selamat bertemu.**

kenalkan	알아주십시오, 소개합니다.

■ 나의 동생을 잘 부탁합니다.　　**Minta bantu adik saya.**

lihat	보다, 망보다
jaga	지키다, 경비하다
rumah	집
tagih	청구하다, 재촉하다, ditagih는 수동태「청구되다」
kantor	사무실, 회사

제 4 장 ●

문 법 편

〔1〕 품 사

이제까지의 일상 회화편과 상투어 편에서 학습한 예문이나 단어에 대해서 문법적인 견지에서 정리하면 다음과 같다.

■여기서는 인도네시아어의 단어를 다음의 10품사로 분류하여 정리하기로 한다.
① 명　사
② 수　사
③ 전치사
④ 대명사 (대명사중의 의문대명사를 일반적으로 의문사로 칭한다)
⑤ 형용사
⑥ 동　사
⑦ 부　사 (다른 언어에서 조동사로 취급되는 것도 이 안에 정리되어 있다)
⑧ 관　사
⑨ 접속사
⑩ 감탄사

1- 명　사

명사는 그 단어가 나타내는 뜻에 의해서, 구체명사와 추상명사로 나누어진다. 구체명사란, 시각등의 오감(五感)으로 파악되는 것이며, 추상명사란 시각등의 오감으로 파악되지 않는 것을 뜻한다.

■구체명사

| meja | 책상, 테이블 | kursi | 의자 |

pensil	연필	piring	접시
sendok	스푼	gelas	글라스, 유리컵
mangkuk	찻잔, 사발	orang	사람
mobil	자동차	perahu	배, 선박
almari	로커, 받침	cincin	반지

등등.

■ 추상명사

faham	이해, 인식	watak	성격, 풍성
kelakuan	행위	kesopanan	예의, 에티켓, 예절
seniman	예술가	kehendak	희망, 망
wartawan	저널리스트	agama	종교

등등.

■ 다음에는 명사인 단어 그 자체의 성별에 의해서 구별되어 쓰여지는 예를 들어본다. 왼쪽줄이 남성, 오른쪽 줄이 여성이다.

（남성）   （여성）

ayah	아버지	ibu	어머니
paman	숙부	bibi	숙모
kakek	조부	nenek	조모
suami	남편	istri	아내
mahasiswa	대학생(남성)	mahasiswi	여대생
dewa	남자신(神)	dewi	여신
pemuda	청년(남성)	pemudi	젊은이(여성)
putra	아들	putri	딸
seniman	예술가(남성)	seniwati	예술가(여성)
biduan	가수(남성)	biduanita	가수(여성)
raja	왕	ratu	여왕
tuan-rumah	집주인, 주최자	nyonya-rumah	주부, 주최자

■ 그러나 이것들은 이미 그 뜻으로 남녀의 구별이 되어 있는 단어이다. 인도네시아어에는 다른 외국어에서 볼 수 있는 남성명사와 여성명사의 형태나 단어의 변화에 의한 변화는 없다. 보통의 단어에, 남성을

뜻하는 laki laki나, 여성을 뜻하는 perempuan이 붙기도 한다.

anak laki-laki	남자아이	anak perempuan	여자 아이
adik laki-laki	동생	adik perempuan	누이동생
kakak laki-laki	형	kakak perempuan	누이
keponakan laki-laki	조카	keponakan perempuan	질녀
mempelai laki-laki	신랑	mempelai perempuan	신부
teman laki-laki	남자친구	teman perempuan	여자친구

■또한, 인도네시아에는 특유한 예로써, 동사의 어근 또는 형용사가 명사 앞에 주어져서(명사를 소유격으로 하여), 그 동사 또는 형용사 그 자체가 본래의 뜻에 의거한 명사로 전환한다.

Jalan anak itu cepat.

그 아이들은 걷는 것이 빠르다. (본래 jalan은 「걷다」라는 동사)

Bicaranya kasar.

이야기하는 방법이 조잡하다. (본래 bicara는 「말하다」라는 동사)

Berat orange itu 80kg.

그 사람의 체중은 80킬로그램. (본래 berat는 「무거운」이란 형용사)

Dalam danau ini 100m.

이 호수의 길이는 100미터. (본래 dalam은 「깊은」이란 형용사)

■이와 마찬가지로, 동사의 어근이나 형용사에 접미사인 nya가 붙어서, 그 동사 또는 형용사 그 자체의, 본래의 뜻에 의거한 명사로 전용(轉用)되기도 한다.

Tiang itu tingginya 30m.

그 기둥은 높이는 30미터. (본래 tinggi는 「높은」이란 형용사)

Kuda itu larinya cepat.

그 말은 달리는 것이 빠르다. (본래 lari는 「달리다」라는 동사)

Keluarga itu hidupnya melarat.

그 가족은 생활이 가난하다. (본래 hidup는 「살다」라는 동사)

◆ 명사의 연습 ◆

■다음 예문을 참고삼아 이태릭체의 단어를 명사화하세요.

예:　Tukang itu *bekerja* amat rajin.

Kerja tukang itu amat rajin.

Tukang itu kerjanya amat rajin.

1. Anak ini *menangis* amat keras.
2. Meriam ini *berbunyi* dahsyat.
3. Ia *menjawab* dengan senyum.
4. Kakak saya *menyanyi* amat merdu.
5. Saya sekarang *berumur* 40 tahun.
6. Jembatan ini *panjang* 200m.
7. Beras sekarung ini *berat* 10kg.
8. Kulit ini *tebal* 0,5cm.
9. Rambutnya *berwarna* coklat.
10. Taman ini *luas* 100 hektar.

■ 접두사인 pe~, 접미사인 ~an, 접두·접미사의 결합인 pe~⋯ ~an, per~⋯~an, ke~⋯~an, 접미사의 ~man, ~wan, ~wati가 동사, 형용사, 명사등에 붙어서, 새로운 명사를 만든다. 각각 사물이나 사람, 도구등의 뜻을 가진 명사로 되어 있다.

lari	→pelari	달리는 사람, 주자
tulis	→penulis	쓰는 사람, 작가
garis	→penggaris	선을 긋는 도구, 자
malas	→pemalas	게으름뱅이
lukis	→lukisan	회화, 그림
kubur	→kuburan	묘지
makan	→makanan	먹거리
buah	→buah-buahan	과실류
kotor	→kotoran	오물
terbit	→penerbitan	출판
berjalan	→perjalanan	여행, 여행도중
berkumpul	→perkumpulan	집회, 협회
bodoh	→kebodohan	어리석은 일, 어리석음
diam	→kediaman	거주지, 주거
raja	→kerajaan	왕국

bangsa   →bangsawan   귀족
harta   →hartawan   부자
seni   →seniman, seniwati   예술가 (man 남, wati 여)
karya   →karyawan   직원, 공원, 작업원
olahraga   →olahragawan, olahragawati (man 남, wati 여)
warta   →wartawan   저널리스트

2－수 사

■ 수량이나 순서를 나타내는 말을 수사라고 칭한다.
수사를 다음의 4가지로 나누어서 정리하기로 한다.
기   수 : 수나 분량의 단위를 나타내는 숫자이다.
          satu, dua등의 일반적인 숫자이다.
서   수 : 순서를 나타내는 말이며, 숫자 앞에 ke를 붙인다.
          kesatu, kudua, ketiga, keempat, kelima, keenam,
          ketujuh, kedelapan, kesembilan, kesepuluh,
          kesebelas, kedua belas, ketiga belas, ……kedua
          puluh, ketiga puluh lima, keempat puluh tujuh……
          또한, 다음과 같은 사용구분은 주의해야만 한다.
          orang kedua   2번째의 사람
          kedua orang   2사람 모두
          gadis ketiga   3번째의 딸
          ketiga gadis   딸 3사람 모두
부정수사 : 특히 수를 세되, 특정이 아닌 표현의 수사이다.
          semua 모두, 전부
          sebagian 일부분
          banyak 많은, 대량의
          sedikit 조금, 소량의
          seluruhnya 전체, 전부
          sekantor 전(회)사, 사무실 전체
          sekelompok 한 그룹, 한 덩어리, 일단(一團)
          segerombolan 한 그룹, 일단(一團)
조 수 사 : 사물의 수를 셀 때의 보조단위이다.

일상 회화편의 「3. 얼마입니까?」의 부분에서 학습했으나,
그 주된 것을 다시 한 번 살펴보기로 한다.
예를 들면
......orang ······명
......ekor ······마리
......helai ······장
......lembar ······장
......biji ······앞
......buah ······개
......batang ······개비(성냥~)
......pasang ······조, 쌍, 세트
등이다.
또한, orang에 대해서는 다음과 같은 점에 주의한다.
seorang orang laki-laki 1명의 남성, 어느 남성
lima orang laki-laki 5명의 남성
seoang orang korea 1명의 한국인, 어느 한국인
sepuluh orang Indis 10명의 인도인
또, suatu, sebuah에 대해서도 「어느…」로 명확하지 않
는 사물이나 사항을 가리키는 뜻으로 쓰여지기도 한다.
pada suatu hari 어느 날에
pada suatu ketika 어느 때에
pada suatu masa 어느 시대에, 어떤 무렵에
dalam sebuah buku 어느 책(속)에

◆ 수사의 연습 ◆

다음의 기호숫자를 인도네시아어로 쓰세요.

1 ······	2 ······
3 ······	4 ······
5 ······	6 ······
7 ······	8 ······
9 ······	10 ······
11 ······	12 ······

13 ……	14 ……
15 ……	16 ……
17 ……	18 ……
19 ……	20 ……
23 ……	27 ……
36 ……	38 ……
45 ……	49 ……
52 ……	57 ……
100 ……	134 ……
256 ……	795 ……
1000 ……	1995 ……

3- 전 치 사

전치사는 명사, 대명사의 앞에 붙어서 다른 품사와의 관계를 나타내는 품사이다.

■ 인도네시아어 중에서 가장 많이 쓰여지는 전치사는, 장소를 나타내는 전치사가 압도적으로 많으며, 다음에 전치사의 주된 것을 듣기로 한다.

di	에, 에서(장소)
pada	에(고유의 지명이외)
dalam	안에, 안에서
dari	부터
daripada	부터
ke	로
kepada	로, 에 대해서(장소이외)
tentang	에 대해서, 에 관해서
mengenai	에 대해서, 에 관해서
untuk	때문의, 때문에
bagi	에 있어서
akan	에 대해서
dengan	에 의해서, 과 함께
atas	에 대해서, 에 관해서

antara	의 안에서
sejak	이래
hingga	에 이르기까지
sampai	까지, 에 이르기까지
sepanjang	에 따라서, 의 기간
oleh	에 의해서(…되다)
karena	이므로
kecuali	을 제외하고, 이외는
menjelang	을 마지하여, 에 다가가서, 을 가까이두고
sebab	이므로
serta	과 함께
demi	을 위해서, 의 목적으로

■ 소재(所在)를 보여주는 예

Ibu duduk *di* kursi.

어머니는 의자에 앉아 있다.

***Di* dinding sebelah utara terpasang penanggalan korea.**

북쪽 벽에는 한국 달력이 걸려 있다.

***Pada* dinding sebelah utara terpasang penanggalan korea.**

북쪽 벽에는 한국 달력이 걸려 있다.(위와 같음)

Suasana *di* kelas kita lebih tenang.

우리들의 교실 분위기는 조용하다.

Suasana *dalam* kelas kita lebih tenang.

우리들의 교실(안의) 분위기는 조용하다.

Ayah saya bekerja *pada* dinas pertanian *di* Bandung.

아버지는 반둥시의 농업과에서 일하고 있다.

Ayah saya bekerja *di* dinas pertanian *di* Bandung.

아버지는 반둥시의 농업과에서 일하고 있다(위와 같음).

＊이런 경어에 pada Bandung이라고 하지 않는다. Bandung이 고유명사이기 때문이다.

■ pada는 사람이나 시각을 나타내는 명사에도 쓰여진다.
Saya titipkan sepeda saya *pada* Sdr. Bonsu.
나는 자전거를 봉수에게 맡겼다.
＊Saya titipkan sepeda saya di Sdr. Ichiro는 틀림.

Pada pukul 7.30 saya harus berangkat ke kantor.
7시 30분에 나는 회사로 나가야만 한다.
＊di pukul 7.30 saya harus berangkat ke kantor는 틀림.

■ 전치사의 dalam이 부분, 요소, 공간을 나타내는 예이다.
Rombongan itu dibagi *dalam* tiga kelompok.
단체는 3개의 그룹(반)으로 나누어졌다.

Dalam waktu lima menit, Yuna dapat menyelesaikan pekerjaannya.
5분 만에 유나는 그 작업을 끝낼 수 있었다.

■ ke는 방향이나 목적지를 나타내는데 쓰여지고, kepada는 행위를 받거나, 그 영향을 받은 사람을 나타내는데 쓰여진다.
Kim akan pergi *ke* Indonesia.
김은 인도네시아로 간다.

Mobil itu sudah belok *ke* kiri.
그 자동차는 왼편으로 돌았다.

Ia menyampaikan surat itu *kepada* atasannya.
그는 그 서류를 상사에게 건네주었다.

Jangan lupa menulis surat *kepada* saya.
나에게 편지를 쓰는 것을 잊지 않도록.

Seharusnya kita memberikan sesuatu *kepada* korban.
사실상 우리는 희생자에게 무엇인가 선물을 해야 한다.

■ dari는 「~에서」와 같이, 그 근원이나 원천·유래를 나타내는 뜻으로 쓰여지지만, 장소에 한정되지 않고 때, 상태, 재료, 이유, 원인 등에도 널리 쓰여진다.

Dari **mana anda tadi?**

아까 어디에서 왔지?

Dari **tahun 1978 ia beternak ayam.**

1978년부터 그는 양계를 하고 있다.

Bongsu tersadar *dari* **lamunannya.**

봉수는 공상에서 깨어났다.

Mesin ini terbuat *dari* **besi baja.**

이 기계는 강철제이다.

Banyak mainan anak-anak terbuat *dari* **bahan plastik.**

아이들의 장난감의 대부분은 플라스틱제이다.

Dari **perbuatannya sendiri dia dikeluarkan dari sekolah.**

그 자신의 행위에 의해서, 그는 학교에서 퇴학 당했다(내쫓겼다).

Dari **hasil praktik kemarin, siswa membuat akuarium.**

어제의 연습의 결과로써, 학생은 수조를 제작했다.

■ daripada는 비교의 대상을 나타내는데 쓰여진다.

Daripada berlibur di sini lebih baik kita berlibur di kampung saja

여기서 휴가를 보내는 것보다도, 시골에서 휴가를 지내는 편이 낫다.

Sekarang kota kita lebih ramai daripada dua tahun yang lalu.

지금은 2년 전보다도 우리들의 도시는 훨씬 번창하다.

■ tentang와 mengenai는 「~에 관해서」라는 뜻으로 쓰여진다.

Ia berbicara *tentang* Undang Undang Dasar

그는 한국 헌법에 대해서 설명하고 있다.

Mahasiswa tidak mungkin berbicara *tentang* demokrasi dengan anak Taman Kanak−kanak.

대학생이 유치원 원아와 함께 민주주의에 대해서 토론하는 것은 있을 수 없다.

***Tentang* pembagian tugas, mereka sudah bersepakat.**

임무의 분담에 대해서, 그들은 이미 동의에 도달했다.

***Mengenai* pembagian tugas, mereka sudah bersepakat.**

임무의 분담에 대해서, 그들은 이미 동의에 도달했다.(위와 같음)

Pak Soh berceramah *mengenai* pentingnya kesejahteraan masyarakat.

서선생은 사회복지의 중요성에 대해서 강연한다.

■ untuk 「~을 위해서」「~에 대해서」란 뜻으로 쓰여진다.

Ibu membeli oleh-oleh *untuk* anak di remah.

어머니는 집에 있는 아이를 위해서 장난감을 산다.

Potongan kayu cendana ini *untuk* ukiran arca.

이 배단의 나무조각은 조상을 위한 것이다.

Kulit telur itu jangan dibuang, karena dapat *untuk* campuran makanan ayam.

달걀 껍질은 버리지 말고, 닭의 모이(을 위해)가 되기 때문이다.

Saranku ini *untuk* kepentinganmu bukan *untuk* saya.

이 나의 의견은 너를 위한 것이며, 결코 나를 위한 것이 아니다.

Saranku ini *bagi* kepentinganmu bukan untuk saya.

이 나의 의견은 너를 위한 것이며, 결코 나를 위한 것이 아니다.

＊이 예문에 나온 bagi는 위의 예문의 untuk와 같은 뜻이다.

■ 그 밖의 전치사에 대해서는 다음 예문을 참고할 것.

Ia tidak tahu *akan* hal itu.
나는 그 건에 대해서 알지 못한다.

Saya lupa *akan* semua kejadian itu.
나는 모든 사건에 대해서 잃었다.(기억에 없다)

Ia memukul anjing itu *dengan* tongkat.
그는 지팡이로 2개를 쳤다.

Adik menulis *dengan* pensil.
동생은 연필로 쓰고 있다.

Ia ke sekolah *dengan* kawannya.
그는 친구와 함께 학교에 간다.

Perkara itu sedang diselidiki *dengan* cermat.
그 사건은 현재 신중히 조사되고 있다.

Kakak saya sama tinggi *dengan* anda.
나의 아내는 신장이 당신과 같다.

Kami mengucapkan terima kasih banyak *atas* kerelaan anda.
당신의 호의에 감사의 인사를 드립니다.

Jarak *antara* Tokyo dan Jakarta kira kira 5000km.
동경과 자카르타의 거리는 약 5000킬로미터이다.

***Antara* murid-murid itu, yang mana terpandai?**
학생들 중에서 가장 성적이 좋은 사람은 누구인가?

***Antara* lima enam minggu ia akan meninggalkan asrama ini.**
5~6주일로 그는 이 학생기숙사를 나온다.

Sejak kecil ia dimanjakan orang tuanya.
어렸을 때 이래, 그는 줄곧 양친에 의해 응식받이로 길러지고 있다.

Ia menunggu di rumah *hingga* malam hari.
그는 밤까지 줄곧 집에서 기다리고 있었다.

Perjanjian itu berlaku sampai *tahun depan*.
그 계약은 내년까지 유효하다.

Kedalaman sungai hanya *sampai* lutut.
내의 길이는 무릎까지이다.

Dapat berpanen *sepanjang* tahun.
1년 중, 작물이 수확된다.

Suporter maraton berbaris *sepanjang* jalan.
마라톤의 응원자가 연도에 늘어서 있다.

***Sepanjang* apa yang saya ketahui, kamu salah.**
내가 알고 있는 바로는 너는 잘못되어 있다.

Rumah ini dibeli *oleh* ayah bulan lalu.
이 집은 아버지에 의해서 지난달에 구입되었다. (지난달 아버지가
샀다)

Berani *karena* benar, takut *karena* salah.
진실이기 때문에 용감하고, 거짓이기 때문에 두려워한다.

Tidak ada orang yang menyokongnya kecuali *keluarganya* sendiri.
자신의 가족을 제외하고 그를 지지하는 사람은 없다.

***Menjelang* tahun baru kita memperbaharui tekad untuk berusaha.**
새해를 앞에 두고(가까이 두고) 우리는 노력의 결의를 새로이 했다.

***Sebab* nila setitik, rusak susu sebelanga.**
남(쪽)의 한방울 때문에 남비의 우욱을 망치게 한다.(작은 과실이
큰 손실을 초래한다)

Presiden *serta* rombongan disambut dengan meriam selamat datang.
대통령과 그 일행은 환영의 축포로 맞이했다.

Kurangilah merokok *demi* kesehatan.
건강을 위해서 흡연을 줄입시다.

Satu *demi* satu para tamu memberi selamat kepada kedua mempelai.
한 사람씩, 모든 손님은 신랑신부에게 축하 인사를 했다.

Ia berteriak kegirangan *demi* membaca namanya tercantum di papan.
게시판에 이름이 나와 있는 것을 읽고서 그는 환성을 올렸다.

■ 특정의 전치사의 역할은 동사에 붙은 접미사가 대신하기도 한다. 다음 예를 참조할 것.

[cinta pada=mencintai]

Ia cinta padanya.　　　　　그는 그녀를 사랑하고 있다.
Ia mencintainya.　　　　　그는 그녀를 사랑하고 있다.

[benci pada=membenci]

Mereka benci pada orang itu.　그들은 그 인물을 미워한다.
Mereka membenci orang itu.　그들은 그 인물을 미워한다.

[marah pada=memarahi]

Ia marah padaku.　　　　　그는 나를 꾸짖는다.
Ia memarahi aku.　　　　　그는 나를 꾸짖는다.

[suka akan=menyukai, (물건) suka pada=menyukai(인물등)]

Anak itu suka akan mangga.　저 아이는 망고를 좋아한다.
Anak itu menyukai mangga.　저 아이는 망고를 좋아한다.
Saya suka padanya.　　　　나는 그녀를 좋아한다.
Saya menyukainya.　　　　나는 그녀를 좋아한다.

[percaya pada=mempercayai]

Mereka tidak percaya padaku.　그들은 나를 신용하지 않는다.
Saya tidak mempercayainya.　나는 그들을 신용하지 않는다.

[sadar akan=menyadari]

Ia sadar akan kesalahannya.

그는 자신의 과실을 알아차리고 있다.

Kamu harus menyadari bahayanya.

너는 그 위험을 알아차려야만 한다.

[kawin dengan=mengawini]

Ia kawin dengan seorang Amerika

그는 어느 미국인과 결혼했다.

Ia mengawini seorang Amerika.

그는 어느 미국인과 결혼했다.

[tahu akan=mengetahui]

Saya sudah tahu akan itu.　　나는 이미 그것을 알고 있다.
Saya sudah mengetahuinya.　　나는 이미 그것을 알고 있다.

[lupa akan=lupakan]

Ia sudah lupa akan kawan itu.　그는 이미 그 벗을 잊었다.
Jangan lupakan kawan lama.　　옛 벗을 잊어서는 안된다.

[tertawa akan=tertawakan]

Ia tertawa akan kelakuan saya.

그는 나의 행위를 비웃었다.

Ia menertawakan kelakuan saya.

그는 나의 행위를 비웃었다.

[harap akan=harapkan]

Kami harap akan anda bersantai

아무쪼록 편히 쉬십시오.

Kami mengharapkan anda bersantai.

아무쪼록 편히 쉬십시오.

dari, dengan, tanpa(~없이), sejak, selama(~의 기간), pada, kepada, bagi, untuk, hingga, sampai, tentang, sepanjang, di antara, melalui(~을 경유해서), oleh, karena, kecuali, menjelang, menuju ke(~을 목표로), di, ke

1. Saya pergi……sekolah tiap-tiap pagi.
2. Kakak saya tinggal……rumah itu.
3. Kami tidak mengetahui apa-apa……hal itu.
4. Yamada bekerja……kantornya……jam enam sore.
5. Mereka berkendaraan……pantai.
6. Anak itu meninggalkan kelas……minta izin……gurunya.
7. Bunga ini……saya?
8. ……dinding itu tergantung sebuah lonceng kuno.
9. Berjuta-juta orang tewas……Perang Dunia II.
10. Semboyan mereka adalah "Berjuang……pembasmian AIDS"
11. Pasukan kami berjalan……pagi tadi.
12. ……sore hari hujan berhenti.
13. Dongeng itu dikarang……seorang pengarang wanita.
14. Terjadilah perselisihan……anggota-anggota regu itu.
15. Semua hadir……pertemuan itu……Sdr.Ichiro.
16. Ayah tidak dapat berjalan cepat……usianya yang lanjut.
17. Angin kencang bertiup……Selatan.
18. Pemburu itu memasuki hutan……lima ekor anjingpemburu.
19. Ada pesanan……kawan anda.
20. Jangan berjalah……gang itu sesudah gelap.

4-대 명 사

대명사는, 사람이나 사물을 「그, 이것」등으로 지시하는 품사이다.

■ 인칭대명사

인 칭	단 수	복 수
1인칭	saya aku *daku* beta *awak*	kami kita
2인칭	*engkau* kamu anda *dikau* kau saudara	kalian kamu kamu sekalian sekalian anda sekalian
3인칭	ia dia beliau −nya*	mereka −nya*

＊-nya는 소유·목적어로 쓰여진다. 이태릭체의 것은 현재의 일반적인 문에서는 그다지 쓰여지지 않는다.

■ 1인칭

Saya pergi ke sekolah.	나는 학교로 간다.
Aku sudah makan.	나는 식사를 끝냈다.
Kami tidak pergi besok.	우리는 내일 나가지 않는다.
Kita makan bersama.	우리는 함께 먹는다.
Itu buku *saya*.	그것은 나의 책이다.
Ini rumah *aku*=Ini rumahku.	이것은 나의 집이다.
Itu tugas *kami*.	그것은 우리의 임무이다.
Ini nasib *kita*.	이것은 우리들의 운명이다.
Ia mencintai *saya*.	그(녀)는 나를 사랑하고 있다.
Ayah memarahi *aku*.	아버지는 나를 꾸짖는다.
Mereka menegur *kami*.	그들은 우리를 비난한다.

Beliau akan membawa *kita*.　저 분은 우리를 데리고 간다.

■ 2인칭

Kamu harus menjaga kesehatan.
　　　너는 건강에 주의해야만 한다.

Anda suka mambaca buku.
　　　당신은 독서를 좋아한다.

Inikah anjing yang *kau* pelihara?
　　　네가 기르고 있는 것은 이 개인가?

Saudara boleh duduk.　자네, 앉아도 좋아요.

Kalian rupanya belum tahu ini.
　　　여러분은 이 일을 아시지 못한 것 같습니다.

Selamat datang, *sekalian!*　여러분, 잘 오셨습니다.

Kamu adalah murid-murid yang rajin.
　　　그들은 성실한 학생들이다.

Itu buku *kamu*.=Itu bukumu.　저것은 너의 책이다.

Ini rumah *anda*, bukan?　이것은 당신 집이지요?

Itu tugas *kamu* sekalian.　그것은 너희들의 임무이다.

Ia mencintai *anda*.　그는 당신을 사랑하고 있다.

Ibu memarahi *kamu*.　어머니는 너를 꾸짖고 있다.

Ia membela *anda sekalian*.　그는 당신들을 변호한다.

Saya suka membantu *saudara*.　나는 기꺼이 너를 돕겠다.

■ 3인칭

Ia masih 15 tahun umurnya.　그는 아직 15세이다.

Dia bernama Anto.　그는 안토라는 이름이다.

Beliau akan tiba di sini besok.
　　　저 사람은 내일 여기에 도착한다.

Mereka tidak akan menolak itu.
　　　그들은 그것을 거절하지 않을 것이다.

Sepatu *dia* berwarna hitam.　그의 구두는 검은색이다.

Sepatu *nya* berwarna coklat.　그의 구두는 섬은색이다.

Nama *dia* Anto.　그의 이름은 안토이다.

Nama *nya* Anto.　　　　그의 이름은 안토이다.

Anak *beliau* sedang sakit.　　저 사람의 아이는 앓고 있다.

Rumah *mereka* terbakar habis.　그들의 집은 전소됐다.

Ibunya sangat mencintai *dia*.

　　　　　　그의 모친은 그를 매우 사랑하고 있다.

Polisi mengejar dia lalu menangkap *nya*.

　　　　　　경관은 추적하여 그를 체포했다.

Ayah saya sangat menghormati *beliau*.

　　　　　　나의 아버지는 저 분을 아주 존경하고 있다.

Kemudian ia melepaskan *mereka*.　그리고 그는 그들을 해방시켰다.

■ 정확히는 인칭 대명사는 아니지만, 2인칭 취급의 saudara와 같이, 직명이나 신분의 호칭이 그대로 인칭대명사와 같이 쓰여지는 예가 있다. Bapak, Ibu, Gubernur, Guru, Ketua Sidang, Direktur. 등이다.

Seperti Bapak mengatakan, ...

　　　　　　당신이 말씀하시는 바와 같이……

Baiklah saya ikuti Ibu.　　OK, 당신을 따르겠습니다.

Saya mengerti apa yang Gubernur katakan tadi.

　　　　　　아까 장관이 말씀하신 것은 잘 알겠습니다.

Bolehkah saya tanya pak Guru?

　　　　　　선생님, 물어봐도 좋습니까?

Ketua Sidang, marilah kita ambil suara!

　　　　　　의장, 체결합시다!

＊상황에 따라서는, 이와 같은 것들은 어느 것이나 특정인(직명이나 지위)에 향해서 불러대는 대명사의 역할을 하는 예이다.

■ 인칭대명사의 응용예로써, sendiri를 동반하여, 「~자신」이란 용법이 있다.

saya sendiri　　　　　나 자신

aku sendiri　　　　　내 자신

kami sendiri　　　　　우리들 자신

kita sendiri　　　　　우리 자신

anda sendiri　　　　　당신 자신

kamu sendiri	네 자신
saudara sendiri	자네 자신
kalian sendiri	너희들 자신
dia sendiri	그 자신
mereka sendiri	그들 자신
Bapak sendiri	당신 자신께서(연상의 남성을 향해서)
Ibu sendiri	당신 자신께서(연상의 여성을 향해서)
Tuan sendiri	당신 자신께서
Nyonya sendiri	부인 자신
Ayah saya sendiri	나 자신의 아버지(진짜 아버지)
Istri saya sendiri	나 자신의 아내
Suami saya sendiri	나 자신의 남편
adikmu sendiri	너 자신의 동생(너의 동생)
Kakak mereka sendiri	그들 자신의 형

Saya sendiri melihat itu.
나 자신이 그것을 본 것이다.

Usahakanlah sendiri.
자기 자신(자기혼자)이 해보라.

Itu sebetulnya adik saya sendiri.
그것은 사실인즉 나의 동생이다.

★지시대명사★

■ 장소를 나타내는 것 (장소의 전치사와 함께 쓰여지는 경우가 많다)

여기	거기	저기
sini	situ	sana
di sini	di situ	di sana
ke sini	ke situ	ke sana
dari sini	dari situ	dari sana

Ia tinggal *di sini*.
그는 여기에 살고 있다.

Taruhlah *di situ*.
여기에 놓아 두세요.

Kawan saya tunggu *di sana*.
나의 친구가 저기서 기다리고 있다.

Bawalah itu *ke sini*.
그것을 여기로 날라(와) 주세요.

Kirimlah barang itu *ke situ*.
그 화물을 거기로 보내주세요.

Ayo kita pergi *ke sana*.
자아, 거기로 갑시다.

Besok saya berangkat *dari sini*.
내일 나는 여기에서 출발합니다.

Boleh pulang *dari situ*.
거기에서 돌아가도 좋습니다.

Buah ini kiriman *dari sana*.
이 과실은 거기로부터의 선물입니다.

■ 사물을 가리키는 것

이것	그것	저것
ini	itu	itu

Ini gambar Gunung Baekdu.
이것은 백두산의 그림이다.

Saya mau beli _ini_.
나는 이것을 삽니다.

Orang _ini_ kawan kelas saya.
이 사람은 나의 동급생이다.

Itu tas siapa?
그것은 누구의 가방인가요?

Siapa berani mengambil _itu_?
누가 그것을 치켜들 용기가 있는가?

Rumah _itu_ rumah dosen.
그 집은 교수의 집이다.

★의문대명사(의문사)★

■ 사랑 · 사물을 가리키는 것

siapa	누구
apa	무엇
mana	어느 것, 어느 쪽

Siapa kamu? 당신은 누구죠?

Bicara dengan _siapa_? 누구십니까?(전화에서)

Ini rumah _siapa_? 이것은 누구의 집인가요?

Apa itu? 그것(저것)은 무엇인가요?

Bicara *apa* tadi?　　아까, 무엇을 이야기하고 있었지?

Ini buku *apa*?　　이것은 무슨 책인가?

Yang besar *mana*?　　큰 것은 어느것(어느쪽)인가요?

***Mana* lebih mahal?**　　어느것(어느쪽)이 보다 비싼가요?

■ 때를 가리키는 것

kapan	언제?
bila	언제?
bilamana	언제?
apabila	언제?

***Kapan* saudara berangkat?**
언제 너는 출발하는가?

***Bila* anda datang kembali?**
언제 당신은 되돌아옵니까?

***Bilamana* ayah pergi ke sana?**
언제 아버지는 거기에 가시는가?

***Apabila* dia muncul?**

■ 장소를 가리키는 것

mana	어디
di mana	어디에
dari mana	어디로부터
ke mana	어디로

***Mana* adik saya?**
나의 동생은 어디지?

Adik saya ada *di mana*?

나의 동생은 어디에 있는가?

Anda datang *dari mana*?
당신은 어디에서 오셨습니까?

Anda *dari mana*?
당신은 어디에서 오셨습니까?

Anda mau pergi *ke mana*?
당신은 어디로 가십니까?

Anda mau *ke mana*?
당신은 어디로 가십니까?

＊장소를 나타내는 의문(대명)사를 쓸 때에는, 간결한 의문문으로써, 자주 ada, datang, pergi등의 동사가, 의문사의 관련으로 유추(類推)할 수 있기 때문에 생략한다.

■ 상태 · 정도를 가리키는 것

bagaimana	어떠한
	어떻게
barapa	얼마
	얼마만큼

Bagaimana kita dapat menjadi kaya?
어떻게 하면 부자가 될 수 있을까?

Bagaimana cara masak soto ayam?
소토 아야므의 요리법은?

Bagaimana pendapatmu tentang soal ini?
이것에 관한 너의 의견은?

Bagaimana kabar mereka?
그들은 어떤 형편인가?

Bagaimana besok kalau hujan?
만약 내일 비가 오면 어떻게 하시겠습니까?

Berapa panjang jembatan itu?
이 교량은 연장 몇 미터인가요?

Berapa lama anda tinggal di sana?
어느 정도의 기간동안 당신은 거기에 살고 있었는가요?

Berapa tahun belajar bahasa ini?
이 말을 몇 년 배우고 있는가요?

Berapa orang akan hadir?
몇 사람이 출석합니까?

Berapa banyak belanja satu bulan?
1개월에 얼마 정도의 비용입니까?

★관계대명사★

■ 관계대명사 yang은 주문중의 명사·대명사를 설명하는 절을 주문안
으로 연결하는 품사이며, 기능적으로 관계 접속사라고 해도 무방하다.

yang

Buah *yang* masih mentah belum manis.
아직 익지않는 과실은 달지 않다.

Saya mengerti apa *yang* anda katakan.
나는 당신이 말한 것을 이해한다.

Mana *yang* anda pilih?
당신이 고른 것은 어느 쪽입니까?

Anda pilih *yang* mana?
당신은 어느 쪽을 고르십니까?

Mana *yang* lebih baik?
보다 좋은 것은 어느 쪽입니까?

Lebih baik *yang* mana?
어느 쪽이 보다 좋습니까?

Apa *yang* kamu dengar?
네가 들었던 것은 무엇인가?

Yang kamu dengar apa?
네가 들었던 것은 무엇인가?(위와 같음)

Apa *yang* ia kerjakan?
그가 했던 것은 무엇인가?

Yang ia kerjakan apa?
그가 했던 것은 무엇인가?(위와 같음)

Saya membawa tas itu.
Tas itu berisi uang kertas.
Saya membawa tas itu *yang* berisi uang kertas.
　나는 안에 지폐가 들어있는 그 가방을 휴대하고 있다.

Ia menyanyikan lagu Bengawan Solo.
Lagu Bengawan Solo menarik hati saya.
Ia menyanyikan lagu Bengawan Solo *yang* menarik hati saya.
　그는 나의 마음을 끌어당기는 분가완 소로의 노래를 불러준다.

Adik suka memakai topi itu.
Topi itu saya kasi kepadanya
Adik suka memakai topi *yang* saya kasi.
　동생은 나에게 주었던 그 모자를 좋아하여 쓴다.

Ia tidak mau mengembalikan buku itu.
Buku itu saya pinjamkan.
Ia tidak mau mengembalikan buku itu *yang* saya pinjamkan.
　그는 내가 빌려 주었던 그 책을, 돌려주려 하지 않는다.

■ 다음의 대명사·의문사의 뜻을 설명하세요.

Saya	aku
kami	kita
kamu	anda
saudara	kalian
sekalian	ia
dia	beliau
mereka	sini
situ	sana
ini	itu
siapa	apa
mana	yang mana
kapan	bila
bilamana	apabila
bagaiamana	berapa
yang	

5-형 용 사

■ 어떤 명사에 의해서 나타내지는 단어에 관해서, 그 형상이나 성질을 설명하는 말이, 문법에서 말하는 형용사이다.

　단독으로 수식사가 되고, 술어로 될 수 있다.

　또, 품사로는 형용사가 아니지만, 형상·상태를 나타내는 말로써 동사에 접두사·접미사가 붙은 것도 있고, 기능상으로는 이 형용사의 항의 후단(後段)에서 들어야만 하는 것이다.

■ 형용사의 예를 전부 들 수는 없으나, 그 주된 것을 학습해보자.

besar	큰	kecil	작은
banyak	많은	sedikit	적은
berat	무거운	ringan	가벼운
cepat	빠른	lambat	늦은

dekat	가까운	jauh	먼
kuat	강한	lemah	약한
dalam	깊은	dangkal	얕은
tebal	두꺼운	tipis	얇은
bersih	청결한	kotor	더러운
ramai	번창한	sepi	조용한
mahal	값비싼	murah	값싼
kosong	텅빈	penuh	가득한
tajam	날카로운	tumpul	둔한
terang	밝은	gelap	어두운
panas	더운, 뜨거운	dingin	추운, 차가운
hangat	따뜻한	sejuk	선선한
tinggi	높은	rendek	낮은
panjang	긴	pendek	짧은
baru	새로운	lama	낡은
tua	늙은	muda	젊은
tua	색이 짙은	muda	색이 희미한
gemuk	뚱뚱한	kurus	여윈
baik	좋은	jelek	나쁜, 추한
bagus	훌륭한, 멋진	buruk	나쁜, 추한
elok	아름다운	buruk	추악한
kaya	풍부한	miskin	가난한
luas	넓은(면적)	kecil	좁은(면적)
lebar	넓은(폭)	sempit	좁은(폭)
longgar	느슨한	sesak	갑갑한, 답답한
sulit	곤란한	gampang	용이한
sukar	어려운	mudah	용이한
susah	괴로운	santai	편안한
senang	즐거운	sedih	슬픈
aman	안전한(치안)	kacau	어지러운(치안)
puas	만족한	kecewa	불만의
tegak	똑바로 서있는	condong	기울인
benar	진실한	salah	잘못된

becek	진창의	kering	마른
basah	젖은	kering	건조한
manis	맛이 단	asin	짠
asam	맛이 신	pedes	고추의 매운
pahit	쓴	tawar	맛이 싱거운
enak	맛있는	merah	붉은
putih	흰	hitam	검은
biru	푸른	kuning	노란
hijau	초록색의	ungu	자색의
kelabu	회색의	coklat	갈색의

Permainan sulap itu *bagus*.

그 요술은 멋지다.

Permainan sulap itu sangat *bagus*.

그 요술은 아주 멋지다.

Permainan sulap itu lebih *bagus*.

그 요술은 보다 멋지다.(비교)

Permainan sulap itu sungguh *bagus*.

그 요술은 참으로 멋지다.

Permainan sulap itu *bagus* sekali.

그 요술은 참으로 멋지다.

Permainan sulap itu paling *bagus*.

그 요술은 가장 멋지다.(최상)

■연습■ 위의 예문에 따라서 바꿔 쓰세요.
Rumah saya *jauh* dari kantor.

나의 집은 회사에서 멀다.

Rumah saya _____*jauh* dari kantor.

나의 집은 회사에서 아주 멀다.

Rumah saya _____*jauh* dari kantor.

나의 집은 동료보다도 회사에서 멀다.

Rumah saya _______ *jauh* dari sekolah.
나의 집은 참으로 회사에서 멀다.

Rumah saya *jauh* _______ dari kantor.
나의 집은 참으로 회사에서 멀다.

Rumah saya _______ *jauh* dari kantor.
나의 집은 동료 중에서 회사에서 가장 멀다.

Kue buatan ibu *enak*.

어머니가 만든 케이크는 맛있다.

Kue buatan ibu _______ enak.
어머니가 만든 케이크는 대단히 맛있다.

Kue buatan ibu _______ enak.
어머니가 만든 케이크는 다른 것보다도 맛있다.

Kue buatan ibu _______ enak.
어머니가 만든 케이크는 참으로 맛있다.

Kue buatan ibu *enak* _______ .
어머니가 만든 케이크는 참으로 맛있다.

Kue buatan ibu _______ enak.
어머니가 만든 케이크는 가장 맛있다.

Hidup di kota ini *tenang*.

이 도시에서의 생활은 평온하다.

Hidup di kota ini _______ *tenang*.
이 도시에서의 생활은 아주 평온하다.

Hidup di kota ini _______ *tenang*.
이 도시에서의 생활은 다른 곳보다도 평온하다.

Hidup di kota ini _______ *tenang*.
이 도시에서의 생활은 참으로 평온하다.

Hidup di kota ini *tenang* _____ .

이 도시에서의 생활은 참으로 평온하다.

Hidup di kota ini _____ *tenang.*

이 도시에서의 생활이 가장 평온하다.

■ 형용사 중에서도, 부정형용사라고 해서, 명사를 막연히, 또는 넓은 테 의 표현으로 수식하는 것이 있다.

semua	모든
lain	그 밖의, 다른
keduanya	쌍방이 모두
beberapa	몇 개의
sedikit	약간의
tiap-tiap	제각기의
masing-masing	각자의
banyak	많은
cukup	상당한

Semua **orang harus jujur.**

모든 사람은 성실해야만 한다.

Banyak **buku dibakar.**

많은 서적이 태워졌다.

Berilah saya *sedikit* **gula.**

나에게 설탕을 조금 주세요.

Lain **orang** *lain* **muka.**

사람마다 얼굴이 다르다, 10언 10색(色).

Mereka *keduanya* **berasa puas.**

그 둘 쌍방이 만족한다.

Beberapa **orang tertinggal di dalam.**

몇 명인가 아직도 안에 남아 있다.

Tiap-tiap **hari Minggu kami ke gereja.**

일요일마다 우리는 교회에 간다.

Mereka akan bayar *masing-masing*.
그들은 각자가 지불한다.
Nilai barang itu *cukup* tinggi.
그 물건의 평가는 상당히 높다.

■ 동사의 어간에 접두사인 ter-가 붙어서, 동사의 뜻(동작·행위)이 완
료된 상태를 나타내는 표현이 있다. 문법의 품사상으로 이런 말들은
형용사로 취급하고 있다.

Pintu *tertutup*	닫혀져 있는 문	(형용사)
Pintu itu *tertutup*.	그 문은 닫혀져 있다.	(형용사)
〔참고〕 Pintu itu ditutup.	그 문은 닫혀진다.	(동 사)
Jendela *terbuka*	열려져 있는 창	(형용사)
Jendela itu *terbuka*.	그 창은 열려져 있다.	(형용사)
〔참고〕 Jendela itu dibuka.	그 창은 열려진다.	(동 사)

■ 형용사나 명사·동사의 어간에 접두사 ke-와 접미사 -an이 붙어서 어
간의 형용사나 명사·동사의 뜻에 「~지나치다」「~인 것만 같다」
「~을 입다」라는 뜻을 첨가할 수 있다.

Baju adik *kebesaran*.
동생의 상의는 너무 크다.

Gantungan baju itu letaknya *ketinggian* bagi saya.
그 양복걸이는 나에게는 위치가 너무 높다.

Sepatu itu *kekecilan* bagi dia.
그 구두는 그에게는 너무 작다.

Sifatnya memang *kekanak-kanakan*.
그의 성질은 물론 어린애 같다.

**Pada senja hari pegunungan ufuk barat kelihatan
biru *kemerah-merahan*.**
저녁때에 서쪽의 산맥이 붉은 색을 띠고 푸르게 보인다.

Saya *kehujanan* tadi.
나는 아까 비를 맞았다.

Itu *kelihatan* dari sini.

그것은 여기에서 보인다.

Mereka rupanya *kelaparan*.

그들은 배가 고플 것 같다.

Kami *kekurangan* obat-obatan.

우리는 약품이 부족하다.

◆ 형용사의 연습 ◆

■ 다음 글의 공백 부분에, 아래 난의 단어를 골라서 넣으시오.

1 Bulan bersinar di langit yang tak······

2 Danau yang ······itu berkilau-kilauan seolah-olah sebuah cermin······

3 Kami mendengar di desa A terjadi hal yang······

4 Seorang anak ··· yang telah lama berdiri di bawah matahari jatuh pingsan.

5 Teman-temannya mengangkut dia ke tempat yang······

6 Dalam pertempuran······itu······serdadu······

7 Setelah berjalan jarak dua km pengikut-pengikut gerak-jalan itu······

8 Siapa yang paling ······ dari guru-gurumu?

9 Mobil anda sama······nya dengan punya Sdr. Honda.

10 Kursi······ini tidak se······kursi rotan itu.

11 Makin lama makin······lari kuda itu.

12 Si adik makin······, ayahnya selalu······padanya.

13 Pintu ini······, saya tidak dapat membukanya.

14 Orang yang······dan······itu dibenci orang.

ganjil	이상한, 기묘한	**sengit**	맹렬한(전투따위)
banyak	많은	**terluka**	상처입은
bagus	훌륭한, 멋진	**berawan**	흐린
kehausan	목이 말라있다	**gemuk**	뚱뚱한, 살찐
rindang	무성한	**ramah**	상냥한, 다정스러운
bulat	구형(球形)의	**jernih**	맑은(물따위)
bambu	대;대로 만든	**kuat**	강한
malas	게으른, 나태한	**marah**	화내고 있는, 화내다
cepat	이른, 빠른	**kaya**	풍요한
kikir	인색한	**terkunci**	잠을쇠가 걸려있는

6-동 사

■ 동사는, 주어의 동작이나 존재를 나타내는 품사이다.
인도네시아어의 동사의 특징은 다음과 같다.
1. 주어의 인칭에 따른 변화가 없다.
2. 주어의 단수·복수의 차이에 따른 변화가 없다.
3. 동사의 시제에 따른 변화가 없다.

■ 다른 품사와의 관련에 있어서 동사를 목적어로 동반하는 타동사와 목적어를 필요로 하지 않는 2가지로 나눈다.
예를 들면 타동사로 되는 것은

membeli~	어근은(beli)	~을 사다
memukul~	어근은(pukul)	~을 치다, 때리다
mengobati~	어근은(obat)	~에 투약하다

등이며, 각각 동사의 직후에 목적어를 필요로 한다.
자동사로 되는 것은

menangis	어근은(tangis)	울다(눈물)
menyanyi	어근은(nyanyi)	노래하다(노래)
menari	어근은(tari)	춤추다(춤)

등이며, 각각 동사 뒤에 목적어를 필요로 하지 않는 동작이다.

■또한, 그 타동사와 자동사를, 단어 형태의 관점에서 분류해 보면 다음
과 같다. 몇 가지 예를 들기로 한다.
■타동사
  1. 어근 그대로 쓰여지는 것
  minta ijin   허가를 구하다
  makan roti   빵을 먹다
  minum susu   우유를 마시다

  2. 접두사 me-가 붙는 것
  menangkap pencopet   소매치기를 체포하다
  menembak burung   새를 쏜다
  menyiksa binatang   동물을 괴롭히다
  memukul kucing   고양이를 때린다
  memanah musuh   적에게 활을 쏜다

  3. 접두·접미사 me- -kan이 붙는 것
  merapikan rambut   머리를 가다듬다
  melepaskan tali   로프를 놓는다
  memutuskan hubungan   관계를 끊는다
  menidurkan anak   아이를 잠재운다
  mengucapkan salam   인사말을 한다
  merindukan kekasih   연인을 연모한다
  memanaskan gulai   스튜를 데우다

  4. 접두·접미사 memper- -kan이 붙는 것
  memperebutkan kekuasaan
                              권력을 탈취하다
  mempertahankan kejuaraan
                              선수권을 지키다
  memperjuangkan kemerdekaan
                              독립을 쟁취하다
  memperdebatkan masalah
                              문제를 의논하다
  mempersoalkan kebenaran
                              사실을 문제로 삼는다

mempermainkan bola   구기를 연습하다.

5. 접두·접미사 me- -i 가 붙는 것

mengawasi pekerja   직원을 감독하다
merestui perkawinan   결혼을 축복하다
menyeberangi sungai   내를 건내다
mengarungi lautan   바다를 건너다(도항하다)
mengendarai mobil   자동차를 운전하다
memaklumi kesalahan orang lain
         타인의 잘못을 이해하다

6. 접두·접미사 memper- -i 가 붙는것

memperbaiki sepeda   자전거를 수리하다
memperingati hari kelahiran
         생일을 기념하다(축하하다)
memperbarui surat ijin   허가서를 갱신한다
mempersenjatai pasukan 부대를 무장하다

7. 접두사 memper-가 붙는 것

memperdalam ilmu   학문을 깊게 한다
mempertebal iman   신앙을 두텁게 하다
mempersulit diri   자신을 어렵게 하다
mempermudah pekerjaan 작업을 용이하게 하다
memperkaya diri   자신을 풍요하게 하다
memperoleh hasil   성과를 얻다

■ 자동차

1. 어근 그대로 쓰여지는 것

Saya *makan*.   나는 식사를 한다
Adik *pergi*.   동생은 나간다
Kakak *pulang*.   형은 귀가한다

2. 접두사가 붙은 것

Saya *menulis*.   나는 쓰고 있다
Adik *menangis*.   동생은 울고 있다
Kakak *menari*.   누이는 춤추고 있다
Ayah *berjalan-jalan*.   아버지는 산책하고 있다

Ia *belajar* giat.　　　그는 열심히 공부한다

Mereka sedang *tidur*.　　그들은 지금 자고 있다

Ia *beristri*.　　그는 아내를 거느리고 있다

Kita *berumah* di seoul.　우리는 서울에 집이 있다

■ 수동태의 문

타동사는 목적어를 가지고 있음으로, 글의 구조상, 그 목적어를 다시
문장 첫머리로 가져오면, 이른바 수동태의 문장이 된다.

　다음 예를 참조하길 바란다.

Saya melukis gambar itu.　　내가 그림을 그렸다.

Anda melukis gambar itu.　　당신이 그림을 그렸다.

Sdr.Anto melukis gambar itu.

　　　　　　　안토군이 그 그림을 그렸다.

Gambar itu saya lukis. 그 그림은 내가 그렸다.

Gambar itu anda lukis. 그 그림은 당신이 그렸다.

Gambar itu Sdr. Anto lukis. (그 그림은 안토군이 그렸다)
→ **Gambar itu dilukis oleh Sdr. Anto.**
　　그 그림은 안토군에 의해서 그려졌다.

Gambar itu kakak saya lukis.　　(그 그림은 나의 형이 그렸다)
→ **Gambar itu dilukis oleh kakak saya.**
　　그 그림은 나의 형에 의해서 그려졌다.

Gambar itu mereka lukis.　　(그 그림은 그들이 그렸다)
→ **Gambar itu dilukis oleh mereka.**
　　그 그림은 그들에 의해서 그려졌다.

따라서 능동문의 주어, 즉 수동문의 행위자가 제3인칭인 경우에만 동
사의 어근에 dia가 압축된 형태의 접두사 di-가 붙어서 표현된다.

■ 능동문의 타동사가 목적어를 2개 동반하는 경우에는, 수동문은 다시
주어가 되는 단어가 2개 있기 때문에, 당연히 2종류로 만들어진다.

Ia menawari saya pekerjaan. (그는 나에게 일을 권했다)
→ **Saya ditawari pekerjaan olehnya.**
　　나는 그에게 일을 권유받았다.

→ **Pekerjaan ditawarkannya kepada saya.**
일은 그에 의해서 권유되었다.

Mereka memberi Anto hadiah. (그들은 안토에게 선물을
주었다)

→ **Anto mereka beri hadiah.**
안토에게 그들은 선물을 주었다.

→ **Anto diberi hadiah oleh mereka.**
안토는 그들에 의해서 선물이 주어졌다.

→ **Hadiah mereka berikan kepada Anto.**
선물을 그들은 안토에게 주었다.

→ **Hadiah diberikan kepada Anto oleh mereka.**
선물은 그들에 의해서 안토에게 주어졌다.

◆ 동사의 연습 ◆

■ 1—다음 예문의 괄호안의 단어에 접두사 ber-를 붙여서, 문장을 완성
하시오. 또한 문장을 각각 우리말로 옮기시오.

1 Nenek tidak (gigi).

2 Kami (mobil) ke Nara.

3 Hadirin (tepuk tangan) riuh-rendah.

4 Ia (Janji) tidak akan mengulangi kesalahan itu.

5 Gadis itu suka (pakaian) biru.

6 Sdr. Anto dan saya telah (tukar) tempat duduk.

7 Ayam ini tidak (telur) hari ini.

8 Orang petani itu (tanam) jagung.

9 Lukanya (darah).

10 perampok itu(empat)

■ 2—다음 예문의 괄호안의 단어에 접두사 me-또는 그 변형을 붙여서
문장을 완성하시오. 또한 각 문장을 우리말로 옮기시오.

1 Ayah sedang (baca) surat kabar.

2 Kami (dengar) angin (deru) melalui pohon-pohon di hut-

an.

3 Nona Yuri (tulis) surat kepada bibinya.

4 Tukang kapur sedang (kapur) dinding rumah itu.

5 Pesawat terbang kami (darat) dengan selamat di Narita.

6 Kamu harus (simpan) uangmu di dalam laci.

7 Ia duduk (rokok) di bawah pohon.

8 Mereka (nyanyi) dan (tari) pada pesta itu.

9 Awan (hitam), sebentar lagi akan hujan.

10 Ia tidak mau (jawab) pertanyaan itu.

■ 3─다음 예문을 수동태의 문으로 고치시오. 괄호안은 어근임.

1 Ia menyanyikan lagu Bengawan Solo. (nyanyi)
그녀는 분가완 소로를 노래해준다.

2 Mereka menerima usul partai oposisi. (terima)
그들은 반대당의 제안을 받아들인다.

3 Orang memuji keberaniannya. (puji)
모두 그의 용기를 찬양했다.

4 Kami akan menolong orang yang menderita. (tolong)
우리는 곤란한 사람을 돕는다.

5 Polisi telah menyelidiki perkara itu. (selidik)
경찰은 그 사건의 수사를 끝냈다.

6 Ia belum mengembalikan sepeda saya. (kembali)
그는 아직도 나의 자전거를 돌려주지 않는다.

7 Saya memperkecil belanja saya. (kecil)
나는 출비를 적게 한다.

8 Kami menyembunyikan hadiah itu di dalam lemari.
(sembunyi)
우리는 선물을 로커속에 감추었다.

9 Penonton membanjiri gedung film baru itu. (banjir)
관객이 그 새로운 영화관에(넘치듯이) 많이 모였다.

10 Saya tadi melihat tas Nyonya di atas meja itu. (lihat)
나는 아까 아주머니의 가방을 책상위에서 보았다.

7-부 사

■ 부사는 명사이외의 품사 및 문장을 수식 설명하는 것이다. 2개 이상
의 단어가 하나로 되어 이것과 같은 기능을 갖은 경우, 그것을 부사
구라고 칭한다.

1 Saya ingin *lekas-lekas* berangkat.
나는 일찍 출발하고 싶다.

2 Ibu indekosku *sangat* baik.
하숙집 아주머니는 대단히 좋은 분이다.

3 Ayahku *hanya* pendiam.
나의 아버지는 다만 말이 없을 뿐이다.

＊hanya는, 술어로서의 명사인 pendiam을 수식하고 있다.

4 *Kemarin* ia pulang.
어제 그는 돌아왔다.

5 *Pagi-pagi* ibu sudah bangun.
아침 일찍 어머니는 이미 일어나고 있었다.

6 Gunung itu *sangat* tinggi.
그 산은 대단히 높다.

7 Saya memukul anjing *keras-keras*.
나는 강하게 강하게 개를 두드렸다.

■ 이해를 정리하기 위해서, 약간 전문적이지만 다음의 15개의 분류에
의해서 그 뜻과 기능을 들어 두기로 한다.
　1. 동작의 상황이나, 동작의 질을 나타내는 것
　　Ia berjalan *pelahan-lahan*.　　그는 천천히 걷는다.
　　Ia menyanyi *dengan nyaring*.　그는 큰 소리로 노래한다.

2. 동작이나 사건의 발생시기를 나타내는 것, 예를 들면
sekarang, nanti, kemarin, kemudian, sesudah itu, lusa, sebelum, minggu depan, bulan depan 등이다.
또한 유사한 뜻을 나타내는 *sudah, telah, akan, sedang*등은 뒤에 나오는 「5 일어난 일의 상황」의 방에서 분류되어 있다.
3. 동작이나 일어난 일의 장소를 나타내는 것, 예를 들면
di sini, di situ, di sana, ke mari, ke sana, di rumah, di Jakarta, di Nagoya
4. 동작이나 일어난 일에 대한 화자의 주관을 나타내는 것, 예를 들면
　①단정적　*memang, niscaya, pasti, sungguh, tentu, tidak, bukan, bukannya*
　　　　　ya, benar, betul, malahan, sebenarnya
　②추측적　*agaknya, barangkali, entah, mungkin, rasanya, rupanya*
　③소망적　*moga-moga, mudah-mudahan*
　④권유적　*baik, mari, hendaknya, kiranya*
　⑤금지적　*jangan*
　⑥회의적　*masakan, mustahil, mana boleh* 등이다
5. 일어난 일의 객관적인 설명을 나타내는 것, 예를 들면
　①착수　　Saya *pun* berangkat *lah*
　②진행　　*sedang, sementara*
　③종료　　*sudah, telah*
　④반복　　*memukul-mukul*
　⑤빈발　　Dia *sering* ke mari.
　⑥습관　　Ia *biasa* membaca koran di bawah pohon itu. 등이다.
6. 일어난 일이나 상태의 정도 및 회수를 나타내는 것, 예를 들면
amat, hampir, kira-kira, sedikit, cukup, hanya, satu kali, dua kali 등이다.
7. 동작을 행하는데 있어서의 도구를 나타낸다. 보통은 전치사인 dengan를 동반한다. 예를 들면
Ia memukul anjing itu *dengan* tongkat.
Anak itu memecah durian *dengan pisau* 등이다.

8. 동사에 동행한다, 함께 따른다는 등의 뜻을 나타내는 것.

   Saya pergi ke pasar *bersama* ibu.

9. 조건을 설명하는 수사구를 나타내는 것, 원칙으로서 다음의 동사로
   시작된다.

   jikalau, seandainya, jika 등

10. 조건과 그 반대의 결과를 나타내는 것이며, 원칙으로서 다음의 동
    사등이 쓰여진다.

    *meskipun, sungguhpun, biarpun, biar, meski, jika……
    sekalipun, biar……sekalipun*

11. 일어난 일의 원인을 나타내는 것이며, 다음의 것들이 붙는다.

    *sebab, karena, oleh, karena, oleh sebab, oleh karena itu, oleh
    karenanya*

12. 동사나 일어난 일의 결과를 나타내는 것이며, 다음과 같은 것들이
    붙는다.

    sehingga, oleh karena itu, oleh sebab itu

13. 도달의 목표를 나타내는 것이며, 다음의 것들이 붙는다.

    supaya, agar, agar supaya, hendak, untuk, guna, buat

14. 다른 것과 비교하고, 비유를 말하는 것이며, 다음의 것들이 붙는
    다.

    sebagai, seperti, seakan-akan, umpama, bagaikan

15. 한계 · 한정을 나타내는 것이며, 다음의 것들이 붙는다.

    hanya, kecuali

■ 이러한 예로써 알 수 있듯이, 다른 언어에서는 조동사로서, 동사를 돕
는 기능이 평가된다. tidak, bukan, bukannnya, (4 ①) sudah,
telah. (5 ③)등이 인도네시아어의 품사에서는 부사로 되어 있다. 즉
조동사는 없다.

◆ 부사의 연습 ◆

■ 다음 예문의 부사(괄호안의 단어)를 각 문장 중의 알맞은 곳에 넣으
세요.

  1 Adik saya menonton film dengan temannya. (sering)

  2 Ibu saya pergi berbelanja di toko swalayan itu. (biasanya)

3 Apakah anda tinggal di luar negeri? (pernah)

4 Saya menonton siaran TV setelah makan malam. (selalu)

5 Kami sekeluarga pergi berpik-nik di tepi danau Towada. (kadang-kadang)

6 Guru kami kembali dari luar kota. (baru)

7 Ia tamat SMA. (bulan yang lalu)

8 Seorang pengungsi menceritakan kejadiannya. (dengan sedih)

9 Anak anda yang bungsu nakal. (sangat)

10 Ia memainkan sulapan. (dengan sempurna)

8-관 사

■ 인도네시아어의 관사는, 그것 자체에는 특정한 뜻은 없으나, 단어 앞에 붙어서 명사를 만들거나, 또는 명사 그 자체의 뜻을 특정화하는 역할을 한다. 다음 예문의 이태릭체가 관사이다.

1 *Si* sakit itu harus dibantu bila berjalan.

그 환자는 걷는데는 사람의 도움을 필요로 한다.

2 *Si* Anto mencoba mendekati *Si* suh.

안토군은 서군에게 접근하려고 한다.

3 Kita tidak perlu membeda-bedakan *si* kaya dan *si* miskin.

우리는 부자와 빈자를 차별할 필요는 없다.

4 Sdr. kim selalu memikirkan *si* dia saja.

김군은 항상 자기 일만을 생각하고 있다.

5 Terpaksa *si* terdakwa korupsi ditahan kurungan.

오직의 용의자는 부득이 구치소에 수용되었다.

6 *Sri* Baginda dan *Sri* Ratu disambut kepala negara dengan upacara kenegaraan.

국왕과 왕비 양 폐하는 (우리)원수에 의해서, 국민례에 의해서 맞이해졌다.

7 *Sang* Merah Putih terkibar dengan gagahnya di gedung itu.

홍백기(인도네시아국기)가 당당히 그 건물에 휘날리고 있다.

8 *Sang* Dukun itu mulutnya komat-kamit membaca mantera.

주술사는 주문을 읽기 위해서 입을 중얼중얼거렸다.

9 *Sang* juara dapat menundukkan pemain bulu tangkis dari Jepang.

챔피온은 일본에서 온 배드민턴 선수를 굴복시켰다.

10 Kami mengundang *para* guru ke pesta perpisahan murid.

우리는 학생의 송별연에 선생 전원을 초대한다.

11 *Para* petani padi Korea pada tahun 1993 kurang beruntung.

1993년에 벼농사를 하는 한국의 모든 농가는 그다지 이익이 없었다.

12 Ia sudah mencoba menghubungi *para* hamba hukum.

그는 이미 전 경찰관에게(소집의) 연락을 했다.

13 Pada zaman penjajahan *para* pejuang berjuang tanpa mengharapkan balas jasa.

점령시대에 모든 독립운동 전사는 보수를 기대하는 일이 없이 싸웠다.

14 *Dang* Merdu adalah tokoh terkenal dalam hikayat sastra Melayu.

단 메르도(단은 고전문학에서의 여성에 대한 존칭)는 마라이 전기 문학중의 유명한 인물이다.

15 Sahabat *Hang* Tuah antara lain *Hang* Jebat, *Hang* Kesturi dan *Hang* Lekir.

한 투아(한은 고전문학에서의 남성에 대한 존칭)의 동료는, 한 제밧트, 한 케스투리, 그리고 한 레키르이다.

■ 인도네시아어의 관사는 그 역할상 다음의 3가지로 나눌 수 있다.
 1. 만들어지는 명사 또는, 붙는 명사가 단수인 관사
    Sang   사람, 동물, 또는 의인화된 물건등이며, 때로는 익살
                  이나 농담에 쓰여진다.
    Sri   종교나 왕국등의 견지에서의, 사람에 대한 존칭.
    hang   고전문학 속에서 쓰여진, 남성에 대한 존칭.
    dang   고전문학 속에서 쓰여진, 여성에 대한 존칭.
 2. 붙는 명사가 복수 또는 집단인 관사
    para   '모든의' 라는 뜻
                  공통의 특성이나 직업 등을 가진 집단·복수에 쓰여
                  지는 것이며, 예를 들면
                  para guru, para petani, para ilmuwan,
                  para hadirin, para karyawan,
                  para mahasiswa
                  단 para anak, para orang, para manusia 등은
                  인도네시아어에는 없다.
 3. 만들어지는 명사와, 붙는 명사 단수이거나 복수이거나 무방한 명사
    si   아무개, ~의(상태의)사람, ~의(성질의)사람 등
    Tak sampai hatiku melihat si miskin mengambil
    makanannya dari tumpukan sampah itu.
    그 쓰레기더미에서 먹을 것을 줍고 있는, 그 가난한 사람을 보고
    서 태연히 있을 수가 없다.
    Di mana pun di dunia ini si miskinlah yang selalu
    menderita.

                                        −단수, 한사람−
    세계 어디에서나, 가난한 사람은 항상 곤궁에 빠져 있다
    (약자이다).

                                      −복수, 일반적으로−
■ 이전에는, harimau itu(그 호랑이), rumah ini(이 집)등의 itu와
 ini가 관사로 쓰여지고 있었으나, 최근의 인도네시아어 문법에서는,

이것들은 본래의 지시대명사로 분류되어 있다.

9-접 속 사

■ 접속사란 단어와 단어, 절과 절, 문과 문을 연결하는 것이다.
예문의 이태릭체가 접속사이다.

1 merdeka *atau* mati

독립이냐 죽음이냐

2 Anto *dan* adiknya

안토와 동생

3 Dia sedang belajar di kamarnya *ketika* kawannya datang.

친구과 왔을 때에 그는 방에서 공부하고 있었다.

4 Perampok itu tidak menghiraukan tembakan peringatan. *Sebaliknya*, dia menyerang polisi dengan pisaunya.

그 도둑은 위협사격을 무릅쓰고, 역으로 칼을 들고 경관에게 덤 벼들었다.

■ 인도네시아어의 접속사를, 그 접속의 관계에 의해서 나누면, 다음과 같이 된다.

　1. 추가, 합동 등의 뜻을 가진 것

dan　　　　　　serta

lagi　　　　　　lagi pula

　2. 선택의 뜻을 가진 것

atau

baik……, maupun……

baik……, ataupun…

entah……

　3. 역의 접속의 뜻을 가진 것

tetapi　　　　　　akan tetapi

melainkan   sebaliknya

4. 원인의 뜻을 가진 것

karena   oleh karena

sebab   sebab itu

5. 결과의 뜻을 가진 것

hingga   sehingga

sampai   sampai-sampai

6. 때에 관한 뜻을 가진 것

ketika   waktu

apabila   sejak

sesudah   sebelum

demi

7. 비교·비유의 뜻을 가진 것

seperti   sebagai

serasa   seakan-akan

daripada   lebih daripada

8. 조건의 뜻을 가진 것

asal   asalkan

kalau   jika

seandainya   andaikata

9. 설명·해설의 뜻을 가진 것

adalah   ialah

yaitu   yakini

10. 목적의 뜻을 가진 것

agar   supaya

biar

11. 단계적으로, 점차로의 뜻을 가진 것

makin…… makin

kian…… kian……

12. 원인과 역의 결과를 나타내는 뜻을 가진 것

meskipun   biarpun

walaupun

13. 그런데, ……과, 이하의 문으로 이끄는 뜻을 가진 것

adapun   akan
maka

14. 주문의 내용을 서술하고 종속문과 연결하는 뜻을 가진 것
bahwa   bahwasanya

■ 단어에 따라서는 전치사의 역할을 가진 것도 있다. 예를 들면 위의 「4. 원인의 뜻을 가진 karena」라는 단어는, 전치사이기도 하고, 접속사이기도 하다. 이 경우에는 문장 중에 어떤 역할을 하느냐에 의해서, 그 어느 쪽인가를 판단하게 된다.

a Dia tidak masuk sekolah *karena sakit*.

그는 병때문에 학교에 오지 않았다.   —전치사—

b Dia tidak masuk sekolah *karena ayahnya meninggal kemarin*.

그는 아버지가 어제 돌아가셨기 때문에 학교에 오지 않았다.

—접속사—

10-감 탄 사

■ 감동사란, 원칙적으로 문장의 첫머리에 두고, 감동, 부름, 응답 등을 나타내는 것이다.

아름답게 옷을 차려 입은 아가씨를 만났다고 하자. 「당신은 아름답다」하는 글외에 「어머나, 당신은 아름답군요」라고 감정을 깃들여서 말을 한다. 이 「어머나」가 감탄사이다.

Cantik sekali kau siang ini.

Aduh, cantik sekali kau siang ini.

■ 감탄사는 주어나 술어, 그리고 수식어도 되지 않는다. 감탄사 만으로 하나의 문이 되는 경우가 있다.

1 *Wah*, manisnya!

와—, 맛있다!

2 *Ya ampun*, roti sebanyak itu dihabiskannya!

앗, 이렇게 많은 빵을 먹어버렸다.

3 Jangan begitu, *ah*!

이런 일은 그만둬요, 아―!

■문장 중 감탄사의 위치는 특별히 정해져 있지는 않다. 문장의 첫머리,
중간, 말미등 여러가지이다.

1 *Ah*, betul begitu?

아니, 참으로 그런가?

2 Ini kakakmu, *ya*!

이쪽이 너의 형님이군, 그래?

3 Mau ikut, *ya*······ silakan saja!

함께 가고 싶다고, 그래, 어서.

■감탄사도 문장 속의 정황에 의해서, 약간 그 뜻이 변한다.

1 *Aduh*, kakiku terinjak!

아얏, 발을 밟혔다!   (아픔)

2 *Aduh*, bagusnya!

야―, 멋지구나!   (평가)

3 *Aduh*, terima kasih!

야―, 고맙다!   (기쁨)

4 *Aduh*, regu kita kalah lagi!

우리팀에 또 져버렸다!   (원통함)

5 *Aduh*, benda seberat itu bisa terangkat, ya!

옛, 그런 무거운 것을 잘 들어올렸군 그래?   (경악)

■감탄사를 다음의 5가지로 나누어본다.

1. 단어로써 뜻을 갖지 않는것, 7음절의 것이 많다.

ah	oh
wah	nah
lo	ai
cih	ois
hai	amboi

eh

Ah, **kamu ini ada-ada saja!**

저런, 너는 멋대로 지껄이는군!

Oh, **malang benar nasib kita ini!**

아, 나는 참 운이 없군!

Wah **kalau begini caranya sebentar lagi kita bisa menjadi kaya-raya!**

와, 이런 상태로 가면, 머지않아 곧 우리는 부자가 된단 말이야!

Nah, **terjebaklah kita sekarang!**

봐라, 우리는 함정에 빠져버렸다!(감쪽같이 속았다)

Amboi, **akhirnya kita sampai juga dengan selamat!**

야-, 마침내 우리는 무사히 도착했구나?

2. 그것 자체로 뜻을 가진 단어가 감동사로써 쓰여지는 경우

ampun	허가
syukur	감사
sayang	유감, 귀여운, 섭섭한
kasihan	연민, 동정
masa	설마
astaga	놀램
celaka	재난, 불운
awas	경계, 주의
maaf	용서, 허가

Ampun, **nakal sekali anak itu!**

이런, 이 아이의 장난 꼴이란!

Terlambat kita, *celaka*!

늦어버렸다, 제기랄, 재수없군!

Masa, **tidak ada di situ?**

설마, 그 곳에 없다니?

Sayang, **dia tidak datang!**

섭섭하다, 그가 오지 않다니!

3. 어떤 특정한 표현에 의거한 감탄사
   celaka dua belas   놀라운 재단이다
   celaka tiga belas   무서운 재난이다
   Alhamdulillah   잘 먹었습니다, 숭고하신 신이시여
   Insya Allah   신 뜻하시는 대로
   Masya Allah   신의 뜻대로
   Astagfirullah   신의 용서가 있어옵기를
   Alhamdulillahirabbilalamin   전능의 신을 찬양하자

Insya Allah, saya datang!
   네, 가겠습니다

Masya Allah pamanmu kawin lagi pada umur setua itu?
   아니, 놀랐다. 너의 숙부님이 그 나이에 재혼하다니.

***Astagfirullah*, seluruh keluarganya ditembak pera-mok?**
   놀라운 일이군, 가족 전원이 도적에게 저격 당했다니.

Alhamdulillah, saya mendapat tawaran tugas baru!
   고맙게도, 새 일자리를 얻었다.

4. 욕설을 퍼부을 때의 말
   kurang ajar   제기랄
   keparat   젠장
   jahanam   개자식

***Kurang* ajar, tidak mau memberi jalan!**
   제기랄, 길을 비끼려 하지 않는군!

Berani melawan saya, *keparat*!
   나에게 거역하는 것이냐, 개자식 같은 것!

5. 의성음으로 표현하는 감탄사
   dor   빵, 탕, 총성, 폭발음

kring   찌르릉, 벨의 소리
tak   탁
pak   빡
bum   붕

***Dor*, angkat tangan!**

빵, 손들엇!

***Kring*, minggir!**

찌르릉, 길을 비끼세요!

［2］ 연 습 의 해 답

■ 명사의 연습

1. Tangis anak ini amat keras.
2. Bunyi meriam ini dahsyat.
3. Jawabnya dengan senyum.
4. Nyanyi kakak saya amat merdu.
5. Umur saya sekarang 40 tahun.
6. Panjang jembatan ini 200 m.
7. Berat beras sekarung ini 10 kg.
8. Tebal kulit ini 0.5cm.
9. Warna rambutnya coklat.
10. Luas taman ini 100 hektar.

■ 수사의 연습

1. satu	2. dua
3. tiga	4. empat
5. lima	6. enam
7. tujuh	8. delapan
9. sembilan	10. sepuluh
11. sebelas	12. dua belas
13. tiga belas	14. empat belas
15. lima belas	16. enam belas
17. tujuh belas	18. delapan belas
19. sembilan belas	20. dua puluh
23. dua puluh tiga	27. dua puluh tujuh
36. tiga puluh enam	38. tiga puluh delapan
45. empat puluh lima	49. empat puluh sembilan
52. lima puluh dua	57. lima puluh tujuh

100. seratus
134. seratus tiga puluh empat
256. dua ratus lima puluh enam
795. tujuh ratus sembilan puluh lima
1000. seribu
1995. seribu sembilan ratus sembilan puluh lima

■전치사의 연습

1. Saya pergi ke sekolah tiap-tiap pagi.
2. Kakak saya tinggal di rumah itu.
3. Kami tidak mengetahui apa-apa tentang hal itu.
4. Yamada bekerja di kantornya hingga jam enam sore.
5. Mereka berkendaraan sepanjang pantai.
6. Anak itu meninggalkan kelas tanpa minta ijin kepada gurunya.
7. Bunga ini untuk saya?
8. Pada dinding itu tergantung sebuah lonceng kuno.
9. Berjuta-juta orang tewas selama Perang dunia Ⅱ.
10. Semboyan mereka adalah "Berjuang menuju ke pembasmian AIDS"
11. Pasukan kami berjalan sejak pagi tadi.
12. Menjelang sore hari hujan berhenti.
13. Dongeng itu dikarang oleh seorang pengarang wanita.
14. Terjadilah perselisihan di antara anggota-anggota regu itu.
15. Semua hadir pada pertemuan itu kecuali Sdr. Ichiro.
16. Ayah tidak dapat berjalan cepat karena usianya yang lanjut.
17. Angin kencang bertiup dari Selatan.
18. Pemburu itu memasuki hutan dengan lima ekor anjing pemburu.
19. Ada pesanan dari kawan anda.
20. Jangan berjalan melalui gang itu sesudah gelap.

■대명사의 연습

saya   나   aku   내

kami	우리들	kita	우리들
kamu	네	anda	당신
saudara	자네	kalian	너희들, 당신들
sekalian	여러분	ia	그, 그녀
dia	그, 그녀	beliau	저분, 저이
mereka	그들	sini	여기
situ	거기, 그곳	sana	저기, 저쪽
ini	이것	itu	그것, 저것
siapa	누구	apa	무엇
mana	어디	yang mana	어느쪽
kapan	언제	bila	언제
bilamana	언제	apabila	언제
bagaimana	어떠한	berapa	몇개, 얼마
yang	~하는(관계대명사)		

■ 형용사의 연습

1. Bulan bersinar di langit yang tak berawan.
2. Danau yang jernih itu berkilau-kilauan seolah-olah sebuah cermin bulat.
3. Kami mendengar di desa A terjadi hal yang ganjil.
4. Seorang anak gemuk yang telah lama berdiri di bawah matahari jatuh pingsan.
5. Teman-temannya mengangkut dia ke tempat yang rindang.
6. Dalam pertempuran sengit itu banyak serdadu terluka.
7. Setelah berjalan jarak dua km pengikut-pengikut gerak-jalan itu kehausan.
8. Siapa yang paling ramah dari guru-gurumu?
9. Mobil anda sama bagusnya dengan punya Sdr. Honda.
10. Kursi bambu ini tidak sekuat kursi rotan itu.
11. Makin lama makin cepat lari kuda itu.
12. Si adik makin malas, ayahnya selalu marah padanya.
13. Pintu itu terkunci, saya tidak dapat membukanya.

14. Orang yang kaya dan kikir itu dibenci orang.

■ 동사의 연습-1
  1. bergigi   어머니는 이가 없다.
  2. bermobil   우리는 자전거로 인천에 갔다.
  3. bertepuk tangan   출석자는 성대히 박수를 쳤다.
  4. berjanji   그는 그 잘못을 되풀이 않을 것을 약속했다.
  5. berpakaian   그 아가씨는 곤색 양복을 좋아 한다.
  6. bertukar   안토군과 나는 자리를 교환했다.
  7. bertelur   이 닭은 오늘 달걀을 낳지 않는다.
  8. bertanam   저 농부는(농원에) 옥수수를 심고 있다.
  9. berdarah   상처 자리가 출혈되고 있다.
 10. berempat   그 도둑은 4인조이다.

■ 동사의 연습-2
  1. membaca   아버지는 지금 신문을 읽고 있다.
  2. mendengar, menderu   우리는 숲의 나무들을 통해서 바람이 부는 것을 듣는다.
  3. menulis   유나씨는 숙모님에게 편지를 쓴다.
  4. mengapur   도장장이는 벽에 석회를 바르고 있다.
  5. mendarat   우리들의 비행기는 무사히 김포공항에 착륙했다.
  6. menyimpan   자네는 돈을 서랍에 간직해 두어야만 한다.
  7. merokok   그는 나무 밑에서 담배를 피우면서 앉아 있다.
  8. menyanyi, menari   그들은 파티에서 춤추고 노래 부른다.
  9. menghitam   구름이 검게 변했다. 곧 비가 올 것이다.
 10. menjawab   그는 그 질문에 대답하려하지 않는다.

■ 동사의 연습-3
  1. Lagu Bengawan Solo dinyanyikan olehnya.
  2. Usul partai oposisi mereka terima.
     Usul partai oposisi mereka diterima oleh mereka.

3. Keberaniannya dipuji orang.
4. Orang yang menderita akan kami tolong.
5. Perkara itu telah diselidiki oleh polisi.
6. Sepeda saya belum dikembalikannya.
7. Belanja saya saya perkecil.
8. Hadiah itu kami sembunyikan di dalam lemari.
9. Gedung film baru itu dibanjiri penonton.
10. Tas Nyonya tadi saya lihat di atas meja itu.

■ 부사의 연습

1. Adik saya sering menonton film dengan temannya.
   Sering adik saya menonton film dengan termannya.
2. Ibu saya biasanya pergi berbelanja di toko swalayan itu.
   Biasanya ibu saya pergi berbelanja di toko swalayan itu.
3. Apakah anda pernah tinggal di luar negeri?
   Pernahkah anda tinggal di luar negeri?
4. Saya selalu menonton siaran TV setelah makan malam.
   Selalu saya menonton siaran TV setelah makan malam.
5. Kami sekeluarga kadang-kadang pergi berpik-nik di tepi danau Towada.
   Kadang-kadang kami sekeluarga pergi berpik-nik di tepi danau Towada.
6. Guru kami baru kembali dari luar kota.
7. Ia tamat SMA bulan yang lalu.
   Bulan yang lalu ia tamat SMA.
8. Seorang pengungsi menceritakan kejadiannya dengan sedih.
   Dengan sedih seorang pengungsi menceritakan kejadiannya.
9. Anak anda yang bungsu sangat nakal.
10. Ia memainkan sulapan dengan sempurna.
    Dengan sempurna ia memainkan sulapan.

알기쉽게 설명한 인도네시아어 첫걸음

발행 2006년 2월 5일 / 인쇄 2006년 2월 10일 / 편저 외국어학보급회 / 펴낸이 서덕일 / 펴낸곳 도서출판 문예림 / 등록번호 1962. 7. 12. 제 2-110호 / 주소 서울 광진구 군자동 195-21호 문예빌딩 201호 / Phone. 499-1281~2 Fax. 499-1283 / http://www.bookmoon.co.kr / E-mail: my1281@lycos.co.kr

ISBN 89-7482-218-0 13790